金錢與權力能帶給你什麼？

一行禪師談生命真正的快樂

一行禪師＿著　士嚴＿監修　姚怡平＿譯

The Art of Power

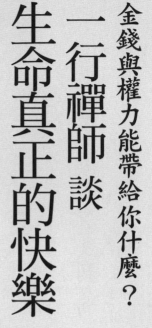

目次

【前言】

找回力量的眞相

二〇〇一年一月，敝人很榮幸能陪伴一行禪師及其多年助手眞空比丘尼，參與每年在瑞士達沃斯舉辦的世界經濟論壇。一行禪師與全球各地的知名宗教領袖一同受邀參與會談，討論如何運用心靈價值，解決全球問題。

一行禪師面對著約三十位國家領袖、兩百位世上最富有的男女、數千位最具影響力的有力人士，秉持著愛、慈悲，以及無所畏懼的精神開始演說。一行禪師之所以出席，並非爲了尋求有力人士與知名人士的支持或認可，而是希望能喚醒他們心中最良善的部分，讓他們覺察眞正的自己，協助他們改變世界。在這場獻給有錢、有力、有權者的盛大聚會中，一行禪師以輕柔溫和的語氣演說。一行禪師沒有向他們提出任何要求，只是提醒他們要永遠記住內心的慈悲。世界經濟論壇的網站上自豪地寫著「致力改善世界狀況」的座右銘；那天，在瑞士達沃斯，一行禪師請大家改以「致力改善每顆心的狀態」作爲座右銘。

一行禪師終其一生在當權者和無權者的面前談論眞相，這位不屈不撓的改革者沒有要大家在憤怒之下登上城牆，而是發起人文精神的改革，發起體諒與愛的改革。一行禪師生於一九二六年，在二十世紀飽經戰火蹂躪的越南長大成人，十六歲出家爲僧。他天生就是那種多才多藝且樣樣精通的少數人，他是佛教僧侶、學者、詩人、作家、改革人士、社會運動活躍份子。在動亂頻繁、人民疾苦的時代與地方，年紀輕輕的他卻能擁有如此不凡的成就。他經歷過一九四一年日本入侵越南、第二次世界大戰結束法國再度侵略，以及隨後的游擊戰爭，亦即越南所稱的美戰，美國所稱的越戰。

身爲改革人士與活躍份子的一行禪師，協助創辦了許多前所未有的機構，例如：印光（Am Quang）佛學院，此爲南越首批創立的佛教研究中心之一；以及貝頁（La Boi）出版社，此爲越南最具聲望的出版社之一。他也是青年社會服務學校（School of Youth for Social Services）的創辦人，這間學校就是美國新聞界所稱的「青年和平組織」。

在戰爭最艱困的那幾年間，一行禪師和助理眞空比丘尼，還有數千名年輕人（包括許多出家衆在內），冒著生命危險進入鄉間，興建學校和醫療診所，重建受到戰火摧毀的村莊。這段期間，一行禪師還擔任了「佛教聯合會」（Unified Buddhist Church）官方刊物的主編，並出版了許多詩集，以及佛教心理學和社會評論的書籍。一九六六年，他前往美國呼籲和平。

旅美期間，一行禪師在美國大眾的面前，說明越南無聲的大多數人民有著何種願望，受著何等苦痛。他也會晤美國許多重要人物，包括馬丁．路德在內；馬丁．路德甚至提名一行禪師角逐一九六七年的諾貝爾和平獎。一九六九年，一行禪師帶領越南僧侶和平代表團參與巴黎和談，這場會談的舉辦是以結束越戰爲目的而進行磋商。一九七三年，他因致力於和平工作而遭到越南拒絕入境，雖然流亡海外，卻從未打消意志。過去四十年來居住在西方的他，更成爲世上最具影響力且最受敬重的精神領袖之一。

在越南境內一百多間學校與村莊改善計畫的支持之下，一行禪師所發起的社會活動持續在越南境內發酵。他也不斷在世界各地參與訴求和平與社會正義的活動，爲不同的議題發聲，從愛滋病到伊拉克戰爭的議題，都不乏他的參與。他出版的書籍共計一百多本，以三十多種語言印行，且一整年都有教學的行程，在世界各地的影響力與日遽增。他在法國西南部的梅村（Plum Village）住處，爲無數群的出家眾以及五大洲的在家眾引領方向。二〇〇五年，流亡在外三十九年後，終於第一次踏上越南故土。

一行禪師在本書中，對於「力量」（Power）這個主題的討論方向，與西方大多數傳統的哲學家和思想家大相逕庭。自兩千五百年前的古希臘時期起，力量的主題，以及力量的適當運用與濫用，向來是西方文化爭論不休的中心課題。數千年來，對力量這個主題的探討，主要著重於國家的暴力壟斷、國家權力的運用是否適宜合法，以及操控權力者之合法性與行爲。數百年來，有無數書籍講述權力的技巧、如何獲得權力、如何運用權力、如何持有權力……等。

然而，一行禪師在本書中卻是從力量的根基、最基本的層級開始探討起。他從意志力、亦即最強烈的心念作爲開始。他解釋說，能否達到目標，端視其心智的狀態與品質。健全的心念加上清晰的心智，是獲得眞實力量的先決條件。他提醒了大家一件顯而易見但被遺忘許久的事實，那就是無論擁有的力量再怎麼看似渺小，若能擁有清晰敏銳且關懷別人的心智，在本質上就是有力量的。他闡明，每個人存在的核心都擁有愛與善的強烈心念，無一例外，而他也請求、建議、勸告、激勵所有人回到這個初衷泉源。

一行禪師經歷過戰爭，目睹戰爭造成無可計量的痛苦，很清楚戰爭如何敗壞人心。他有如走出沙漠面對所羅門王的先知李維，提醒了世人一件事：所有的力量，尤其是巨大的權力，都埋有自我毀滅的種子。如果力量無法把喜悅帶給你，無法把寧靜和快樂帶給你所愛的人，那麼你手中握有的力量不管再多再大，都是沒有用的。他質疑道，如果我們無法脫離自身憤怒的壓迫，無法逃離自身恐懼的蹂躪，那麼我們如何能主張自己是有力量的呢？

一行禪師挑戰世人的觀念，讓我們理解到兩點：一，唯有清晰的心智和平靜的心靈，才能產生眞正的力量；二，當我們無法控制自己的意念時，其實是相當沒有力量的，只會成爲自身恐懼、情緒、渴望所支配的奴隸。若是如此，就不是我們擁有力量，而是力量擁有我們。他大膽主張，每個人與生俱有免於恐懼、欺騙、暴政的能力，無論是外在或同等重要的內在，都是如此。他認爲，國家所施加的暴政，自身的心理痛苦所施加的暴政，以及其所造成的可怕影響，都是可以超越克服的。他說，國家力量的有害本質所帶來的老問題，其解決之道必然是要創造擁有內觀與健全心智的社會，以及堅強、快樂、自由的市民，尤其是要免於沒有力量的恐懼，免於失去力量的恐懼。

在本書中，年屆八十五歲高齡（現已九十歲）的一行禪師，給我們指明了如何處理「權力腐敗」和「無權」之間矛盾的嚴重危害，以及如何獲得眞正的力量。他繼續以言出必行的堅持，向世人傳達這個訊息：「我做到了，你們也能做到，我的朋友啊！我們都能做到。」他要我們在秉持慈悲決心療癒世界的同時，要有勇氣先從自身做起。

普瑞坦・辛（Pritam Singh）

【簡介】

一種特別的力量

「力量」對我們的意義是什麼呢?爲何多數人願意不顧一切獲得權力?即便我們本身沒有意識到,但多數人其實都在努力地要握有權力,以爲擁有力量就能掌控人生境遇,以爲權力會帶給我們最想要的東西:自由與快樂。

我們的社會對力量的定義十分狹隘,多半是指財富、事業成功、名聲、體力、軍事強權、政治操控……等。然而,親愛的朋友,其實還有另一種力量,那就是有能力在當下快樂,免於沉溺、恐懼、絕望、歧視、憤怒、無知,這種力量才更爲強大,也是人人與生俱來的權利,無論是知名人士還是無名小卒,富人還是窮人,強者還是弱者,都能擁有這種力量。現在就讓我們一起來探討這種特別的力量。

大家都想要擁有權力又成功,但是如果獲取及維繫力量的動力耗盡我們的心力,讓人際關係變得緊繃,那就永遠無法眞正享受到事業或物質上的成功,這樣根本不値得。把日子過得深刻，過得快樂，有時間照顧所愛的人，也是另一種成功，另一種力量，而且也重要多了。眞正重要的成功只有一種，那就是成功改變自己，轉化痛苦、恐懼、憤怒。這種成功、這種力量有益於自己和他人，且不會造成任何傷害。

想要得到力量、名聲、財富並不是壞事，但是必須謹記一點，我們追尋這些東西是爲了獲得快樂。要是有錢有權卻不快樂，那麼有錢有權又有何益？我們可以運用本書中簡單、具體、有效的原則，培養眞正的力量。眞正的力量就是大家都想要的當下自由、安全、快樂，而這對我們、家庭、社區、社會和地球都是有益的。

擁有想要加深瞭解、增進慈悲、幫助世界的抱負，就是擁有了美好的能量，賦予人生眞誠的目標。史上許多偉大的心靈導師，如耶穌、佛陀、穆罕默德、摩西……等，也都擁有前述的抱負。今日的我們也與他們無異，內心深處都渴望落實和平、免除痛苦、幫助世人。我們見過一個人可以治療數千人、數百萬人並帶給他們自由，而我們每一個人，無論是工廠工人、政界人士、服務生、商人、演藝人員，還是指導英式足球賽的父親，內心深處其實都擁有相同的願望。然而，請務必謹記在心，要落實這個美好的抱負，就必須先照顧好自己；要把快樂帶給別人，自己必須「擁有快樂」。因此，我們永遠都要訓練自己先照顧好自己的身心，唯有自己先堅強起來，才能達到最佳狀態，照顧好所愛的人。

生活若缺乏覺知，無法真正看見周遭世界，就如同一列失控的火車，在職場生活中尤其如此。要是我們被工作淹沒了，就會庸碌過一生。私人生活受苦，職場生活也會受苦；職場生活受苦，私人生活就會受苦。沉重的工作量、不可能達成的截止日期、艱困的工作情況、持續的壓力、害怕被解聘，種種都造成工作上的痛苦，影響到私人生活，而且似乎沒有人可以幫助我們。但是我們不一定要走到這個地步，我們可以培養心靈力量或眞正的力量，把正念帶到日常互動中，這樣就能完全提升工作品質與職場生活。

把握美好而唯一的時刻

正念就是完全活在當下，接觸自己內在的想法和周遭環境。運用後文所描述的簡單原則，鍛鍊心智，集中注意力，不但能更有效率、更有成果，還能更加放鬆、更有活力。記住，「我們已經擁有足夠的時間」去關懷對自己最重要的人事物，我們可以充分活在每一刻，心裡明白「這一刻」就是美好的片刻，是眞正握在手上的唯一片刻。

集中精神力量，就能把盈利從純粹的利潤變成蘊含慈悲心的利潤。我們不需要把利潤排除在外，慈悲會帶來經濟與政治上的成功。我認爲，優良的企業在界定盈利時，應該考量到其對人們以及地球所造成的影響，若能在賺取利潤的同時，秉持著誠實處事及關懷世界的精神，員工就會更快樂，顧客就會更滿意，賺取的金錢也會更多。《財星》雜誌每年都會選出員工最愛的一百家公司，這些公司在各方面都很成功，每年都致力投入醫療照護與兒童照護，也給員工適當的休假，並尊重環境，共享利潤。這些令人讚賞的公司都明白，花費金錢、時間、心力照顧員工及大眾的身心健康，就能促進企業的健全，賺取更高的利潤。

大多數的政界人士，以及從製藥業到多媒體技術發展界的諸多企業，剛開始的初衷多少都是爲了減輕人們的痛苦，而這種目標和抱負必須繼續保持才行。若經濟利潤超越了其他動機，企業就會邁向自我毀滅之路；淹死安隆（Enron）、泰科（Tyco）、世界通訊（WorldCom）的企業弊案浪潮，在在提醒世人這點。因此，職場生活務必懷抱慈悲；沒有慈悲，就沒有快樂，再怎麼有錢也還是不快樂，會走向孤獨，困在自己的世界裡，無法與別人互動交流，無法瞭解別人。爲了追逐利潤而捨棄慈悲，對你所造成的傷害不亞於對別人的傷害。

深入觀照，就會看見世間的痛苦，認清自己內心深處想要減輕痛苦的願望，還能體認到自己所能擁有的最大喜悅、最大成就，就是帶給別人喜悅。選擇培養眞正的力量，不一定要放棄擁有美好生活的願望，反而會更爲滿意自己的生活，心裡快樂又輕鬆的同時，還能替每個人減輕痛苦，帶來快樂。

1
眞正的力量

若沒有愛，不管多麼有錢或有權，照樣不會快樂。
只有和其他人、其他生命接觸，才會快樂。
如果困在自己的世界裡，就會孤單一輩子，
既沒有人關心自己，也不去關心他人。
愛才是快樂的關鍵因素。

弗德烈和給孤獨的故事

從傳統的標準來看，弗德烈是個權高位重的男人，擔任主管，薪水優渥，對自己的高成就引以爲傲，卻無法眞正關注自己、妻子克勞蒂亞，以及兩個年紀尚小的兒子。他有著一股力量，總是催促他做得更多、更好，要他著眼於未來。小兒子微笑地走向他，把畫好的一張圖給他看，他卻沉浸在思緒裡，擔心工作的事情，無法誠然地把兒子看成是人生中寶貴的奇蹟。他從公司返家擁抱克勞蒂亞時，總是心不在焉。他努力過，但心思依舊繞著工作打轉。克勞蒂亞和兩個孩子都感覺到他的心思老是不在。

起初，克勞蒂亞全心全力支持先生和他的工作。能成爲他的妻子，讓她引以爲傲。她安排宴會和社交活動，從中獲得許多樂趣。克勞蒂亞和他一樣，勤勉不懈，想要出人頭地、賺取更高的薪水、買棟更大的房子，以爲這樣就能讓家庭更幸福、更快樂。她傾聽他的話語，瞭解他遇到的困難，有時兩人會徹夜談著他所擔憂的事情。夫妻雖是在一起，卻從未聚焦於他們自己、他們的人生、他們的快樂、或者孩子的快樂上。他們談話的重心都放在事業上——先生在工作上碰到的困難和阻礙，以及他的恐懼和疑慮。

克勞蒂亞盡了全力支持先生，但是先生持續的緊張壓力和心不在焉，最後卻使她筋疲力竭，無法承受。他連給自己的時間都沒有了，更何況是給妻子和兩個孩子。他想要陪伴家人，卻認爲自己花不起這個時間。他沒有時間好好呼吸、看看月亮、享受走路的樂趣。雖然表面上他是個大權在握的主管，但是眞正掌管他的，其實是想要出人頭地的渴望，而這樣的渴望讓他把全副的時間和注意力投注在工作上。

克勞蒂亞很孤單，先生並未眞正看見她的存在。她照顧孩子，整理家務，擔任志工從事慈善工作，花時間和朋友相處，去念研究所，開始擔任精神治療師，她在這些活動中找到了意義，但還是覺得在婚姻中沒有得到先生的扶持。兩個兒子想知道，爲什麼爸爸老是不在家，他們好想他，常常問爸爸在哪裡。

長子菲利浦必須進醫院接受心臟手術時，是克勞蒂亞一個人陪在長子身邊超過七小時之久，因爲弗德烈沒辦法拋開工作。即便是克勞蒂亞進醫院開刀移除良性腫瘤時，弗德烈也沒有出現。

然而，弗德烈認爲努力工作是對的，而且這麼努力工作也是爲了家人、爲了公司裡的人，他覺得自己是大家的支柱，有責任把工作做好，而工作也帶給他成就感與滿足感。此外，強烈的自尊心也驅使著他。他事業有成，制定重要的決策，賺取高收入，對此相當引以爲傲。

克勞蒂亞常常要弗德烈慢下來，騰出時間給自己和家人，並且享受生命。她跟他說，她覺得他已成爲工作的奴隸。她說得沒錯。他們夫妻倆住在很好的社區裡，有一棟漂亮的家，還有一座綠意盎然的花園。弗德烈喜歡園藝，但待在家裡的時間不夠多，沒時間打理院子。弗德烈總是這麼回答克勞蒂亞，他喜歡工作，公司沒有他不行。他總是對她說，再過幾年退休後，他就會有很多時間可以給自己，還可以陪伴她和兩個兒子。

弗德烈五十一歲時出了車禍，當場死亡，沒機會退休。他以爲自己的地位不可取代，但公司只花了三天就找到人接任他的職位。

我在正念禪修營的活動中遇見克勞蒂亞，她把她先生的故事告訴了我。雖然他們兩人不乏名聲、成功和財富，但卻不快樂。然而，許多人相信，沒有經濟或政治上的力量就不可能快樂。我們為了未來，犧牲當下，以致日常生活的每一刻無法過得深刻。

我們往往誤以為只要擁有力量，事業有成，別人就會聽得進我們的話，我們就會有很多錢，想做什麼就做什麼。然而，深入觀照後，就會發現弗德烈失去了自由，沒有能力享受生活，沒有時間陪伴所愛的人。事業佔據了他整個人，他沒時間深呼吸，沒時間微笑，沒時間看看藍天，沒時間體驗人生中的諸多美好。

事業有成，擁有世俗的權力，同時又心滿意足，是有可能辦到的。在佛陀的時代，有一位非常有權勢又仁慈的商人，名叫給孤獨。他是佛陀的弟子，總是努力體諒員工、顧客和同僚。因為他的慷慨大方，當他遭到強盜攻擊時，好幾次都是員工救了他；他的店失火了，員工和鄰居都冒著生命危險來滅火。員工保護他，視他如兄如父，他的事業因而蒸蒸日上。他破產時，並未受苦，因為朋友們都跳出來幫助他迅速東山再起。他在發展事業的同時仍不忘修心，由於他善巧地激勵人心，所以妻子和孩子們都跟著他一起修持心靈，照顧窮人。給孤獨是位菩薩，懷著慈悲心，爲人慷慨大方。

給孤獨之所以快樂，並不是因爲有錢，而是因爲有愛。他讓愛成爲動機，成爲推動他向前的力量。他有時間陪伴妻子和孩子，有時間參與宗教團體，這些團體是由修持相互了解與愛的出家眾與在家眾所組成的。「給孤獨」這個名字的意思是「幫助窮困者、貧乏者、孤獨者的人」。人們給他取了這個名字，是因爲他慈悲爲懷，知道如何去關愛並照顧自己和家人，同時關愛並照顧同胞。他總是幫助有困難的人，因而結交了許多好友。

他把心力都投注在親友和僧團上，所以有足夠的時間愛護、關懷所愛的人。他很高興能服侍佛陀和僧團。當人們一談到僧團、窮人、或者他的孩子，他的眼睛就亮了起來。

慈悲與愛，最強大的力量

我認爲，大多數的人所說的盈利，其實就是愛。如果我們只渴望得到權力和名聲，就不能像給孤獨那樣快樂。給孤獨是本著愛的商人，愛就是他的根基，而這正是他快樂的原因。

我們開始工作的時候，往往是本著對家人、對社群的愛。剛開始，我們的心念是良善的，但後來追求事業有成的意念卻逐漸吞沒了我們。對成功、權力、名聲的渴望，取代了對家人與社群的重視，此時我們開始失去快樂。維持快樂的祕訣就是每天灌溉我們的愛，千萬別讓成功或對金錢、權力的渴望取代了你的愛。起初，弗德烈是愛妻子和孩子的，並且懷抱著這份愛而工作，可是他對成功的渴望超過了對愛的需求，背叛了自己。若你反思自身，發現自己渴望成功的企圖超過了想要關愛、照顧所愛的人的願望，就表示你已經開始走上弗德烈的路。

佛教對於力量的看法，不同於世上多數人的觀點。佛教徒對力量的關注與常人無異，只是佛教徒關注的是能帶來快樂的力量，而非帶來痛苦的力量。

人們追求的往往是經濟和政治上的力量。許多人認爲，要是能獲得政經力量，不但有能力做許多事，還可以讓自己快樂。然而，深入觀照之後，就會發現那些追求政經力量的人，往往都承受著極大的痛苦。其實，一開始追求政經力量時就會受苦了，因爲好多人都努力追求相同的東西。我們以爲所追求的力量稀有罕見又難以捉摸，唯有踩著別人的肩膀往上爬才能得到，可是就算獲得這種力量，還是會覺得不夠。我見過一些有錢人，權勢名聲顯赫，卻一直都不快樂，有的甚至自殺了。由此可見，金錢、名聲、權力雖說多少能讓人快樂，然而缺少了愛，即使有再多的金錢、名聲和權力，也無法獲得完全的快樂。

有誰的權力能夠超越美國總統呢？美國前總統布希是世界上最強軍隊的指揮官，領導著世界上最強大富有的國家，很少人能夠擁有如此大的權力，可是這並不代表美國總統是個快樂的人。即使他擁有這些所謂的權力，我認爲他仍然會有無能爲力的感覺，承受極大的痛苦。他困在進退兩難的處境裡：伊拉克戰爭究竟要繼續打下去還是要停戰？續戰難，停戰也難，就好比吃的東西卡在喉嚨裡，吐不出來，又吞不下去。

我覺得布希總統肯定睡不好，每天都有年輕的美國人死在伊拉克，怎麼可能睡得好呢？數十萬人因他的政策而死去，怎麼可能不做惡夢？我們很幸運的不是美國總統，不然現在肯定受著許多苦。顯而易見，如果政治領袖沒有本著慈悲和同情心，就會濫用權力，讓自己的國家受苦，而其他國家也會跟著受苦。

數年前，美國某家大公司的執行長來到佛蒙特州的青山佛法中心（Green Mountain Dharma Center），跟著我還有一些出家眾進行爲期兩天的禪修。一天早上，我在禪堂帶領大家做導引禪修，看見他坐在那裡。之後，他跟我們談到億萬富翁的生活，說億萬富翁承受著許多痛苦、擔憂和疑慮，覺得大家來找他們，都是爲了錢、爲了利用他們，而且他們也沒有朋友。

這個男人家財萬貫，在政界有很大的影響力，可是他卻來這裡培養心靈力量。我教他如何保持平靜、呼吸、走路，他參加了坐禪、行禪、食禪，吃完早餐後自己洗碗盤。我認爲他有保鏢，只是可能不准保鏢陪同進入禪寺罷了。我給了他一個小鐘鈴，這樣當他遇到困難時，就能聽著鐘聲禪修，回到呼吸，恢復平靜。我不知道他是否能繼續禪修，因爲他在商業世界中十分孤單，沒有團體可以支持他。他生活的世界步調快速，環境嚴苛又繁忙。

因此，我們必須體認到一件事實：要是沒有愛，或者沒有強烈的動機去支撐那份愛，就算擁有再多的金錢和權勢，仍然無法感到快樂。跟別人和其他眾生建立聯繫，才會快樂；沒有聯繫，就會感到孤單，活在自己的世界裡，沒有人瞭解你，你也不瞭解別人。有了愛，才有快樂。

這點不僅適用於個人，也適用於國家。有許多國家想要在經濟和物質上獲得進步，但我認爲進步的定義是擁有快樂，而且是眞正的快樂。要是變得更痛苦，成爲自己成就下的受害者，那麼擁有更多的金錢又有何用？我們必須以眞正的快樂來衡量進步的程度。一個國家雖有可能變得十分富裕進步，被譽爲超級強國，但是國內的人民仍然承受極大的痛苦。對物質財富的渴望，變得比人民的健康和快樂更重要，沒時間照顧自己和所愛的人，這實在令人遺憾不已。我認爲在文明的社會中，人民應該要有時間深刻地過好每一天，去關愛、照顧家人和社群。

五種心靈力量

多數人稱之爲力量的，佛教稱之爲欲。欲有五種，分別是財欲、名欲、色欲、食欲、睡欲。佛教認爲眞正的力量或能量有五種，分別是信仰（正信）、精進（正勤）、正念、專注（正定）、內觀。這五種力量是眞正快樂的基礎，根源於本書即將提到的原則。

信仰的力量

第一個能量來源是信仰。擁有信仰的能量，就可以堅強。在基督教的福音裡，耶穌說，信仰可以移山。本書所謂的信仰，在意義上偏向於「信心」及「信任」，因爲這是發自於人的內在，並非外求他物。臨濟禪師常對弟子言：「自信不足者才會向外尋求。諸位必須自信你能成佛，能轉化並療癒。」

信仰就是擁有一條明路，引領人邁向自由解脫，轉化苦惱。看見了這條道路，擁有了繼續向前的道路，就能擁有力量。沒有道路的人，就會流離受苦，不知該往何處。你一直都在尋找明路，現在你找到明路，看見了正道。

若能領略到這條道路是往好的方向去，就會對所踏上的道路產生信心。你會很高興能擁有正道，力量也會油然而生。這股力量不會摧毀你和周遭的人，實際上還能讓你擁有堅毅與能量，而這份堅毅與能量別人都能感受得到。有了信仰，眼睛有神，步履穩定，這就是力量的作用。日常生活中的每一刻都可以生出這種力量，帶來無窮的快樂。

如果運用了某種修行方法，結果發現很有效，可以帶來正念、專注、喜悅，那麼信仰和信心就是由此而生，而非源於別人所說的話。這樣的信仰和信心不僅存在於抽象的概念，也存在於你從修行中所獲得的具體成果。若能實踐正念呼吸（在第三章與附錄A會解釋），就會感到輕盈、踏實、自由，而信心正是從這類經驗中產生的。這不是迷信，不是仰賴別人。信仰的能量可以帶來無窮的快樂，要是沒有信仰，沒有信心的能量，就會受苦。

仔細觀照，就會發現覺醒、慈悲、理解的能量早已存乎於內心。如果能體認到這些能量是與生俱來的一部分，就會對這些能量具有信心。如果懂得修行的方法，就可以產生這些能量，保護自己，心想事成。

精進的力量

第二種力量是精進。雖然你有能力回歸最佳及最高自我，但是必須持之以恆才行。不要讓自己分心或忘記修行。在親友與團體的支持下，每日規律的修行，就是精進。如果每天都修持坐禪、行禪、正念呼吸、正念用餐，修行就能獲得滋養並持續不斷，這就是第二個力量的來源。你有能力用心修行，但動機並非是要證明自己有能力做到。重點不在於證明自己，而是要讓自己安康愉快。只要做到每天持續不斷的修行就好。

精進有四個面向。第一個面向是別讓負面情緒有機會在心裡萌芽。在佛教心理學中，意識分成兩個層次：較低一層名叫藏識（含藏識），亦即潛意識；較高一層名叫意識，是一般清醒的心智。

藏識好比土地，藏有許多種子，包括喜悅、寬恕、正念、專注、內觀、平等捨心的種子，還有憤怒、憎恨、絕望……等等種子，這些種子都在藏識裡，而藏識的其中一項功能就是保存這些種子。

藏識裡的種子受到灌溉時，會以能量的形式出現在意識中，變成心之所行。人有憤怒的種子，憤怒的種子在藏識裡沉睡休眠時，人不會有憤怒的感覺；然而，若是觸碰了憤怒的種子，喚醒了它，就會變成憤怒的心行，我們便會感受到憤怒的能量與起。想像一下，意識是客廳，藏識是地下室。喜悅的種子經過灌溉後，會出現在上層的意識裡，讓客廳變得美侖美奐；憤怒或憎恨的種子經過灌溉之後，會讓客廳變成地獄，折磨我們及所愛的人。

每個人的內心都有憤怒、絕望、嫉妒的種子，在負面的環境裡，這些種子會受到觸發；在正面的環境裡，則很難觸碰或灌溉欲望、暴力、憎恨、憤怒的種子。因此，明智的你應該要選擇良好的環境，避免經常觸碰到負面的種子。你不該讓周遭的人觸碰這些種子，而你自己也不該灌溉它們。

閱讀充滿暴力的文章，或者觀賞暴力的電視節目或電影，就會喚醒暴力的種子。精進的第一步就是自己不要去喚醒負面的種子，也不要讓環境喚醒它們。此處所談的精進，就是有選擇的灌溉種子，藏識裡的負面種子要是沒有萌芽，那麼就讓它們留在土裡，不要灌溉。在日常生活中，小心別讓負面種子有機會萌芽，這並不是要壓抑它們，而是不要給它們機會。在社區裡、在家庭裡，試著讓自己接觸到能觸碰心中有益元素的聲音和景象；至於刺激欲望種子或憤恨種子的聲音和景象，則應盡量避開。要做到這點，需要精進勤勉的修行，可能需要價值觀類似的團體或一群朋友來幫忙創造好的環境。你可以鼓勵另一半、孩子、朋友，請他們幫助你保護自己；你也可以創造好的環境來保護他們，免得他們接觸到那些會灌溉負面種子的事物。

精進的第二個面向是讓意識裡萌芽的負面種子鎮定下來並加以取代。當負面種子（絕望、憤怒、或暴力的種子）受到觸發時，你必須懂得讓種子停止發芽，回到原本的種子狀態。別讓負面種子在上層的意識停留太久，因爲它停留得越久就會長得越茁壯，造成越嚴重的破壞。有許多方法可以在不壓抑、不對抗負面能量的情況下，讓負面能量鎮定下來。你可以認知負面能量的存在，微笑以對，讓更好的東西出現，取代負面能量。比方說，閱讀激勵人心的文章，聆聽美好的音樂，接近大自然，或者採用行禪的方式處理。

這就好比放錯了CD，CD播放出你不喜歡的音樂，所以你換了別的CD，播放出美好的音樂。佛陀的時代沒有CD，佛陀以更換木栓作爲比喻。木匠使用木栓固定兩片木頭，當木栓腐壞，無法固定這兩片木頭時，木匠就會移開舊木栓，換上新木栓。同樣的，如果心中的想法使你不開心，就換成別的想法吧。如果有個見解是負面的，充滿了渴望或憤怒，請以正念呼吸，觸碰有益的種子，請有益的種子出現。如果這顆有益的種子足以引起你的關注，那顆使你不開心的種子就會枯萎。然而，新種子的吸引力應該要更大，否則那顆使你不開心的種子不但不會輕易離去，還會努力想贏得你的注意力。要改變情況，就要善巧勤勉的修行第二步，讓負面心行回到沉睡狀態，並讓正面種子萌芽。正面心行出現後，客廳裡就會充滿正面心行，負面客人就很難有機會不請自來。

精進的前兩個面向都是關於負面種子的處理，後兩個面向則是關於正面種子的培育。

精進的第三個面向就是持續引發好種子的發芽。人的心中都有愛的種子、寬恕的種子、喜悅的種子、和平的種子、快樂的種子，請學著觸碰它們，幫助它們發芽。如果身處於好的環境，受到關愛且健全的團體支持，就有許多機會幫助正面的種子發芽。

覺醒、理解、慈悲的種子一直存於我們的內心，是本性與生俱來的一部分，問題就在於如何幫助這些種子發芽。如果藏識中正面有益的種子沒有發芽，請幫助它們發芽吧。讀好文、說好話、看好物，灌溉慈悲和慈愛的種子，讓它們在心中發芽。安排生活，好讓自己每天都能多次觸碰心中的好種子，讓好種子在意識的層次發芽，這不用花多少時間就能做好。經常邀請好客人來客廳坐坐，整體情況就會有所改變。

精進的第四個面向就是努力讓好的心行盡量待在客廳裡久一點，我們必須滋養它，把它留在心裡。如果慈悲的種子、喜悅的種子，或和平的種子以心行的形式出現，這對你是有益的，所以就讓它待在那裡，請它留下來，別讓它回到地下室。當你有位可愛的朋友來訪時，你會請對方盡可能久留，因爲對方的出現帶給你無窮的喜悅。能有位好朋友跟你一起坐在客廳，是何等快樂啊！要是下雨了，你可能會說：「外面下雨了，留下來再喝杯茶吧！」你會努力說服好友盡可能久留。心行停留在意識層的時間越久，其根基就會長得越茁壯。正面種子的道理也同樣適用於負面種子，如果你讓渴望待在客廳裡五分鐘，渴望的種子就有五分鐘的時間可以成長。請盡快幫助渴望的種子回到地下室，讓有益的種子上來客廳吧！

運用善巧及前述修行方法來創造正念，就是做到眞正的精進。眞正的精進可以爲自己和所愛的人帶來無窮的喜悅、無盡的快樂。擁有精進能量的人，具有很大的力量，可以轉化自己、社區、環境，進而轉化世界。

正念的力量

第三種力量是正念的力量。正念就是覺察當下正在發生的事情，內心若有正念的能量，就能全心全意活著，日常生活的每一刻都過得深刻。無論是在烹飪、洗滌、清理、安坐，或用餐，都能產生正念的能量。正念的能量可以幫助你瞭解哪些事情該做，哪些事情不該做，還能幫助你避開困難和錯誤，保護你，並且把光彩灑在所有的日常活動上。

正念就是有能力認清事物的原貌。有了正念，就能認清此時此刻正在發生的一切。當你認清正面的事物時，你可以享有它，因爲只要認清正面的元素，就能自我滋養並療癒；當有負面的事物時，正念可幫助你擁抱並撫慰它，某程度地予以解除。正念的能量可以持守（hold）痛苦、憤怒、絕望，要是懂得把痛苦持守得夠久，就能減輕痛苦。

失去正念的力量，就會失去一切。沒有正念，就會用錯誤的方式賺錢花錢，濫用自己的名聲，濫用軍事力量，結果不但毀掉自己，也會毀掉別人。

走路和用餐是每天都要做的事情，但是我們走路時往往不是眞的在走路，工作上的案子和心中的憂慮讓人心不在焉，失去自由。若能秉持正念走路，融入當下，不再遺憾過去，不再擔心未來，此時就能觸碰到生命的美好，每踩一步，就多滋養一份快樂。有了正念，我們就不用再對過去的生活方式感到遺憾，還能看見並觸及所愛之人。正念的能量讓我們得以回歸自我，活在當下，獲得眞正的快樂。

專注的力量

正念帶來的第四種力量，就是專注的力量。喝茶時專心喝茶，享受茶的滋味。請別把痛苦、絕望、工作一起喝下，這點很重要，否則就無法滋養自己。

有些事情你看見了卻沒看得十分清楚，此時就可以運用專注的力量，經歷突破，並且看透事物的本質。或許你有一些困難、沮喪、恐懼、或絕望的感受，而想深入觀照前述苦惱的本質，並加以轉化，這需要極大的專注力才能做到。

專注可以幫助我們深入觀照眞實的樣貌，帶來內觀，讓我們從痛苦中解脫。有數種專注是我們可以培養的：一，專注於無常，可得知萬物無時無刻都在變化，我們可能明天或隨時就突然出了意外離開人世，所以今天就應該盡己所能，讓所愛的人快樂，否則等到明天可能就太遲了。二，專注於無我（實際上，人沒有獨立的自我），就能察覺到痛苦不僅存在於我們身上，也存在於別人身上；受苦的不只是我們，我們的子女、另一半、朋友、同事也都在受苦。三，專注於一切相互依存且相互關聯，就能體悟到一點：當我們讓別人受苦時，別人也會讓我們受苦。專注於無常、無我、相互依存的本質，可以幫助我們實現大突破，帶來第五種力量——觀照。

觀照的力量

第五種力量是觀照，這有如一把劍，輕鬆切過各種痛苦，如恐懼、絕望、憤怒、分別。運用專注的力量之後，觀照可以幫助你把正在專注投入的事物看得一清二楚。專注於無常與無我，就能觀照無常與無我。

無常不是一種概念、觀點，而是一種觀照。有許多人拚命努力抓著穩定或永恆的想法不放，聽到無常的說法就不安了起來，可是無常並不是負面的，它反而可以是十分正面的。萬物無常，包括不公正、貧窮、污染、全球暖化都是無常。在人的一生中，有誤解，有暴力，有衝突，有絕望，這些情況也都是無常。正因世事無常，所以若擁有活在當下的觀照，就可以轉化這些情況。

然而，我們有時會把無常拋在腦後。雖然理智上知道萬物無常，但是依舊會忘記所愛的人有一天會生病離開人世，忘記自己有一天也會離開人世，想裝作自己會永遠活下去，因而沒有洞察到必須把自己的日子過得美好，眞正珍視所愛的人。許多人在所愛的人過世時，會感受到巨大的痛苦，這並不完全是因爲想念對方，而是遺憾自己在對方還活著的時候，沒有花時間陪伴他，沒有全心全意地關懷他，甚至還對他不好，等到對方離開了，罪惡感便油然而生。

要是有了對無常的觀照，我們心裡就會明白，所愛的人有一天會離開人世，所以我們必須盡己所能，讓對方今天就獲得快樂，別等到明天再做，也許明天就太遲了。若能秉持著無常的觀照過日子，就不會犯下許多錯誤，現在就能獲得快樂。我們可以關愛並照顧所愛的人，讓對方今天就快樂起來。不用爲了未來而犧牲生活，因爲生活只發生在當下。

當佛陀提及無常，他講的就是觀照。佛陀並不是悲觀，只是在提醒大家生命的可貴，必須珍視生活的每一刻。專注於無常，就能獲得無常的觀照。有了無常的觀照，就不會被絕望、憤怒或消極的情緒牽著走，因爲觀照會告訴我們，哪些事情該做，哪些事情不該做，藉以改變情況。正因世事無常，所以一切都是可能的。

沒有觀照的話，就會認爲獲取力量只是爲了自己好而已。我們可以培養另一種觀照——無我的觀照。無我的意思並不是說你不存在，而是說你不是完全獨立的個體。人們所受的痛苦中，有很多都是源自於對自己和對別人有分別心，以及獨立自我的觀念使然。假設你是爲人父母者，當你看著子女時，會看見子女是你的延續；好比玉米植株是玉米粒的延續，而子女就是父母的延續。父親的基因存在於兒子的每一個細胞裡，父親和兒子並非完全是同一個人，但也不是完全不同的兩個人。如果父親能看到這點，就能觸及自己的無我性。兒子受苦，父親就會受苦，反之亦然。由此可見，對兒子生氣，就是在對自己生氣；對父親生氣，就是在對自己生氣。這點十分清楚易懂。等到你能夠觸及自己的無我性，不再視自己與兒女有分別時，憤怒就會消失了。

當你處在權力相爭的情況下，若懂得沉思無我，就會知道該怎麼做。你可以阻止自己和別人在相爭中繼續受苦，你知道對方的憤怒就是你的憤怒，對方的痛苦就是你的痛苦，而對方的快樂就是你的快樂。

我的左手臂犯風濕病發疼時，我會好好照顧它，幫它按摩，盡己所能地減輕它的痛苦。我不會對左手臂生氣。若有學生受苦又很難處理時，我就會落實無我，不發脾氣，盡量以照顧左手臂的態度來對待學生。對學生生氣，就是在對自己生氣，這樣是無法改善情況的。然而，唯有到達無我觀照的境界時，才能擁有這般待人處事的智慧。

佛教有一種智慧，名叫無分別。無分別是眞愛的其中一個元素。我是右撇子，都是用右手做事，刷牙、敲鐘、寫詩、寫書法都是用右手，但右手不曾自傲，不曾說：「左手，你是廢物！我什麼事情都得自己來。」左手也不會自卑，從未受苦，非常美好。左右手總是和平相處，完美合作，這就是存在於我們身上的無我智慧。

有一天，我在牆上敲釘子要掛畫，但是技術不好，沒敲到釘子，反而敲到了手指。我的右手馬上放下鐵鎚，照顧左手。右手從來不會說：「左手，你知道嗎，我照顧你，你應該要記住我的恩惠。」左手也不會說：「右手，你害我被敲到，爲了公平起見，把鐵鎚給我！」左手不曾這麼想。由此可見，無分別的智慧就在我們身上。只要善用無分別的道理，家庭和社區就能和樂融融。

印度境內的印度教徒和穆斯林（回教徒）若能運用無分別的智慧，就能獲得和平；以色列人和巴勒斯坦人若能落實無分別的智慧，就不會發生戰爭；美國人和伊拉克人若明白彼此其實是兄弟姊妹，是同一副軀體的左右手，就不會繼續彼此殺害。我們都必須培養無分別的智慧，有了無分別的觀照，就能夠脫離自身的恐懼、痛苦、分離、孤單，也可以幫助別人脫離。

觀照來自於理解。雖說人的心裡已經擁有理解的元素，但若沒時間修行正念與專注，觀照就無法在心中萌芽。我們需要營造出一個能輕鬆修行正念與專注的環境，這就好像在備土，以便讓種下的花卉種子發芽。觀照就是修行正念後所獲得的理解，如果任由自己迷失在過去的遺憾及未來的擔憂裡，那麼觀照就難以成長茁壯，更難以知道當下要採取什麼行動才算適宜。

我們之所以會痛苦，正是因為無明（無知）。當我們開始觸及觀照後，就能深深觸及實相，不再有所恐懼，反而能慈悲、接納、寬容，所以本文才會把觀照講成是一種超強的力量。如果能運用無常與無我的觀照來看待實相，就能有所突破，從痛苦與困境中脫離。前面四種力量帶來第五種超強力量，而有了觀照，就能擁有無窮快樂的泉源。

2

有技巧地操控力量

缺乏慈悲、關愛和寬恕的人，會遭受很多痛苦。

寬恕他人、接納他人，就會感到輕鬆自在，還能與其他人相處得好。

沒有慈悲，只會落得孤苦伶仃。

慈悲是快樂的基礎。

領導的力量

如果有事情讓你不高興，如果所發生的事情是你的家庭或社區不喜歡見到的，你會想要立即改變。你會想要運用身爲父母、老師、有力人士所擁有的小小力量來改變情況。此時正是停下來深思的時候，深入觀照你不高興的眞正原因，看清最正念、最慈悲的回應應該是什麼。

我看見某位學生沒有以正念修行，會很不高興，因爲我一直希望學生能夠好好修行，但這位學生卻沒有好好修行。從權力的觀點來看，我該怎麼做呢？我可能急著想用老師的權力和權威罵他、罰他。當然了，老師也會犯錯，尤其是剛開始教學生的時候。不過，要幫助學生的話，我必須學習有耐心，必須先把我的愛和觀照傳達給學生。若能運用這種力量，就不會濫用權威，也不會超出權威的限度，還能在不讓自己及別人受苦的情況下，幫助學生、子女、員工。

有許多方法可以與人分享我們的指導及建議。如果分享的出發點是基於慈悲，就會獲得很大的成效，又有助於人。也許指導的方法不太有技巧，卻能在過程中學到正確的分享方法，不會製造痛苦，也不會讓別人對我們感到厭煩。我們必須經常確認自己的指導或教導不是爲了名聲、財富、或某種膚淺的力量。

培養了第一章所述的五種力量後，自然就會開始獲得另一種力量的來源——領導的力量，人們會向你尋求建議和影響力。眞正的領袖必須具備三種美德，分別是割捨的美德，慈愛的美德，以及觀照的美德。

要有技巧地運用力量，必須具備的第一種美德就是「斷除的美德」。究竟是要斷除（割捨）什麼呢？要斷除的就是憤怒、渴望、無明。另一種說法就是「放下」。你要逐漸轉化渴望、憤怒、恐懼、妄念，如果沒有這種自制能力，就會導致自己與別人承受極大的痛苦，別人就不會尊重你。記住，許多政治人物與領袖的事業因爲性醜聞而毀於一旦，所以斷除對無意義性愛的渴望是十分重要的。這也就是爲什麼斷除能帶來力量。如果對方擁有斷除的美德，脫離苦惱的牽絆，那麼你就會尊敬對方，聽得進對方的話。斷除的美德可爲身心帶來解脫與輕盈，這是超市裡買不到的，必須靠自己修行才能獲得。

優秀的領袖必須具備的第二種美德就是「慈愛的美德」，有能力秉持著慈愛與慈悲的精神，去關愛、接納、寬恕、擁抱別人。有了這種力量，就能獲得快樂，得到別人的尊重。別人尊重你並不是因爲你對他們大呼小叫或者罵他們，而是因爲你付出關懷、慈悲待人。人要是缺乏慈悲、愛心、寬恕，就會承受極大的痛苦。若能寬恕接納，就會感到輕盈，就能和其他眾生建立關聯。沒有慈悲，就會感到徹底的孤單，所以慈悲是快樂的基礎。如果政商界的領袖能培養慈愛的美德，就不會濫用金錢、名聲、社會地位的力量，不會讓自己和別人都不快樂。

優秀的領袖必須具備的第三種美德就是「觀照的美德」。知識不同於內觀，有些人拿了許多博士學位，知識淵博，科學、哲學、文學論述背得滾瓜爛熟，對佛教經典也能提出有說服力的評論，可是卻缺乏觀照和智慧。唯有深入去看，才能獲得觀照和智慧。眞正的領袖能以智慧指出一條明路，帶領人們脫離痛苦。你也許處於困境，迷惑不已，失去方向，但只要向眞正的領袖求助，他就會告訴你該往哪裡走。很快的，你就會看見出去的道路，這都是因爲他的智慧使然。

擁有觀照，困難、緊張、矛盾的情況就會迎刃而解；缺乏觀照，就只會在原地打轉，痛苦、恐懼、擔憂縈繞在心頭，控制了我們。因此，第三種美德就是有能力深入觀照，獲得洞察力，進而解決困難、幫助別人。

領導別人時，若能秉持斷除、慈愛、觀照三種美德，就能擁有眞正的權威。光是擁有領袖的頭銜是不夠的，頭銜無法產生眞正的力量。好好修行正念，流露出喜悅、安穩、寧靜，就能獲得更深厚的權威。只要你一開口，大家都會聽進去，這並非因爲大家不得不聽你說話，而是因爲你清新、誠摯、明智的態度所致。優秀的領袖運用的只有這種權威，他們並未努力爭取權威，也不想運用權威，但權威自然而然顯現。大家是因爲這些領袖的生活方式而受到激勵啓發，是因爲他們誠實可靠而聽進他們所說的話。

提升靈性權威

要評斷權威的品質優劣，就要深入觀照幾點，比方說：領導的基礎是否是基於慈悲；權威的獲得是因爲財富或社會地位，還是因爲靈性內觀。即使貴爲教皇，要是沒有靈性生活，缺乏慈愛與慈悲，就無法擁有眞正的權威，就算人們會聽從他所下的命令，那也是出於害怕，但這並非眞正的權威。

若不修行眞正領袖的五種力量與三種美德，手中握有的力量就會反撲，因爲要是沒有靈性上的權威，就永遠都會被手中握有的力量所誘惑，並濫用力量。假設你是老闆或老師，擁有權威的地位，就可能會很想把自己的意志施加於員工或學生身上。爲人父母者都知道，不運用父母的權威來控制子女，實在是難上加難；可是一旦運用了父母的權威，就會替子女和自己帶來極大的痛苦。許多人之所以怨恨父母，就是因爲父母濫用了力量和權威。父母和小孩子吵架，這場架肯定吵得不公平，因爲父母的權力總是比較大。即便我們手中握有的力量只有一點點，要是沒有靈性上的權威，就永遠會受到誘惑、濫用力量。然而，如果能培養五種心靈力量，這些力量就會在心中成長茁壯，就有能力轉化並保護自己及所愛的人，避免痛苦與絕望。

如果你極爲希望培養這種力量，就要盡己所能，找到可以一直培養力量的環境。

我成為僧侶，不是要跟別人不一樣，也不是要割捨紅塵、就此隱居，而是想要奉獻一生，幫助別人。

想想看，如果總統不仰賴政治力量，而是仰賴這五種心靈力量，就能藉由可行的方法，把和諧、和平、快樂帶給國內以及他國的民眾。

日後成為佛陀的悉達多太子，在離開家人成為僧人之前，看見身為國王的父親雖擁有強大的政治力量，但大多數時候還是感到相當無助。國王眼見周遭的貪污腐敗卻沒辦法阻止，仍然受困於恐懼和渴望之中。在被恐懼、憤怒、困惑控制的情況下運用政治力量，只會把痛苦帶給自己和周遭的人。悉達多太子之所以離開家人、放棄王位，其中一個主因就在於他明白政治力量本身並無法幫助他或全國上下獲得快樂，於是他決心去尋找另一種力量——精神上的力量。

當我們看穿表相後就會發現，有錢有權者儘管擁有種種特權，卻仍然承受著極大的痛苦，同時也對周遭的人們造成極大的痛苦。他們雖擁有很大的權力，卻往往墜入絕望和痛苦的深淵中。政經領袖享受著力量，同時也因擁有力量而受苦。該是重新討論力量的意義，以及改變生活方向的時候了。法國哲學家盧梭寫道：「最強者從未強到足以永遠作主人，除非他能把優勢化爲權利，把服從化爲義務。」力量若不合法，就會受到弱勢者的挑戰；然而，只要力量被視爲合法且是伴隨心靈權威而來的，就會受到重視，甚至是崇敬。

如果有人權力過大而有人毫無權力，向來容易發生起義之事。人民和團體間若有巨大的不平等，就會使權力不穩定。即使人民看似接受權威者，但是權威者所握有的力量永遠不會穩定。然而，力量若是基於心靈權威，並表現出愛與智慧、免於苦惱，那麼就能以和平的方式建立正義、維護秩序、抵擋挑戰，而無需訴諸暴力或壓制的手段。

商業領袖、證券經紀人、政治人物都在追求經濟和政治上的力量，擁有的再怎麼多似乎也不夠。佛教徒和許多心靈探索人士也想要獲得力量，但追求的卻是信仰、精進、正念、專注、觀照的力量，這些力量是無窮的，永遠不會害人害己。

許多人以爲金錢是快樂的泉源，他們之所以工作，部分原因是爲了賺錢。金錢確實是一種力量，有了錢，可以想買什麼就買什麼。政治人物承諾要幫人們取得更大的權力、更多的金錢，而人們也認爲好的政治人物可以賦予人民更大的購買力。有能力買東西、有能力選擇所買的東西，會讓人們覺得有力量——畢竟，有了錢，不僅可以買到物質上的東西，還可以僱人幫忙打掃家裡、照顧孩子、烹調餐點。你減輕了人們財務上的困難，所以人們很感激你，他們上鉤了，而你就能擁有更大的權力。有了權力，就能操控人們，強迫他們遵照你的意願做事。

有了夠多的金錢，也可以透過簽訂貿易協定及特殊協定來收買整個國家。你可以立下承諾，如果對方在戰爭中支持你的立場，你就會協助對方發展經濟之類的。有了錢，就擁有了收買別人的能力。雖然你有權力，但若濫用權力，不但自己受苦，別人也會受苦。

金錢可以創造名聲，可以買聲譽，可以買威望。即便沒有天份，還是可以寫書成名，或者找寫手寫書，並以作者自居。世界上有好多這樣的狀況，就是這樣用金錢買到名聲的。成名之後，還可以賺更多錢。如果你是眾所皆知的電視人物，就會有公司想要請你拍廣告，只要一、兩分鐘的廣告就能賺進一大筆錢，只要說產品好，大家就會聽你的話去買產品。金錢帶來名聲，名聲又帶來金錢，而名聲和金錢還可以帶來其他的東西，例如：性。擁有權力可能會十分危險，因爲我們很容易就會走向腐敗。

金錢和名聲並不等同於邪惡，它們當中並無邪惡之處，但若不懂得操控，它們就會變得邪惡。你運用金錢與名聲的方式，有可能會讓自己和許多人受苦。如果聰明又有心靈力量，金錢和名聲就不會造成傷害，甚至反倒是有益的。以智慧來運用金錢和名聲，就能減輕痛苦、創造快樂。金錢和名聲是有益還是有害，端看我們如何操控。

心靈力量與政治力量彼此不會相互排斥。西元前三世紀重新統一印度的阿育王，施行佛陀教誨，成爲全印度的好國王。阿育王明白，佛陀的教誨和實踐是有可能創造出新社會。他限制宰殺動物的數量，只要夠吃就好，還力勸人民實踐慈悲和理解，戒除殺戮和偷竊。阿育王擁有偉大國王的力量，並運用這種力量來幫助人民。

在中東地區，以色列是超級強國，擁有先進的核能技術及壯大的軍隊。大家都知道以色列具有揮軍出擊的力量，還受到美國的支持。不過，這麼強大的力量仍不足以讓以色列快樂安全，因此以色列必須培養別種力量。政治領袖必須覺察以下力量的重要性：沉著的力量，運用慈愛言語的力量，瞭解他國苦難與困難的力量，秉持慈愛和慈悲、與他國對談的力量。如果以色列的諸位領袖學會了培養五種心靈力量的方法，就不會濫用政治與軍事上的力量，從而避免在國內外創造出更多的痛苦。

你攻擊別人，別人就會受苦，並設法回擊。若無法正大光明的回擊，就暗著來；若無法用飛機裝炸彈，就以其他方式使用炸彈。濫用力量是許多人受苦的主因，運用力量的方法不僅關乎靈性，也是攸關全國生死的大事。

政商領袖在社會上的力量很大，就許多方面而言，他們左右了我們的命運，所以我們必須找方法幫助他們，讓他們懂得憑藉智慧來運用力量。他們受困在痛苦、恐懼、憤怒之中，要是沒有足夠的理解和慈悲，就有可能會濫用力量，而他們做出的決策將是本國和世界各國大多數人所不支持的。我們不應該任由他們基於毀滅的目的而濫用我們託付給他們的力量，我們可以把智慧和慈悲傳給政商領袖，讓他們的內心恢復平衡。我們可以根據他們的心靈力量，評斷他們的政經力量是否得當。

在佛陀的時代，有位僧侶名叫婆提（Bhaddiya），他是釋迦王國的前任統治者，放棄一切而出家。有一天，他坐在樹根上禪坐，說了三次：「喔，我的快樂啊！」另一位僧侶聽到了，以爲婆提是因爲失去統治力量而悔恨不已，便把這件事告訴佛陀。佛陀召喚婆提，問他晚上爲什麼說了三次「喔，我的快樂啊！」。

婆提回答：「可敬的老師，我統治國家時，擁有至高的權力，無比的財富，還有大批軍隊護衛，想買什麼就買什麼，可是內心卻不快樂，因爲我老是活在恐懼中，深受恐懼、嫉妒、憎恨、貪婪之害。如今，我不再有恐懼苦惱，我沒有東西可以失去，不怕被暗殺，也不需要護衛隊，我擁有許多自由寧靜，所以才會說『喔，我的快樂啊！』三次。如果打擾了僧眾，還請恕罪。」

這個故事很美，清楚闡述了政經力量的侷限，此外也讓我們瞭解到，幫助自己和他人解脫痛苦，才是眞正的力量。

3
正念的技巧

正念的奇蹟就是讓我們完全活在當下，
這種正念的生活是治療和轉化自己的基礎，
也是營造家庭、工作和社會和諧的基礎。
修習正念，可以瞭解到安樂在當下無處不在。

正念的奇蹟

試想，若是一舉一動都百分之百投入，可以創造出多大的力量啊！

許多大公司大量投資於研發部門，因爲他們知道若要業務蓬勃發展，就必須時時求進步，第一手獲知最新資訊。同樣的道理也可以應用在如何開創正念的事業上。要獲得指引和保護、讓你本人和事業都能步上正確道路的觀照能力，就需要去投資。

萬物之間息息相關。你和家人的安康與否，會影響到你的事業或所屬機構的業務狀況。尋找方法來保護自己並促進自身的安康，是最基本的投資，這可改善家庭生活及工作環境，而首先，自身的生活品質就能獲得提升。

投資的根基，轉化職場生活的關鍵，就在於「正念」。正念就是專注的能力，人人都能百分之百投入在內心與周遭所發生的一切。正念的奇蹟讓我們得以完全活在每一刻；抱持正念，是治療及轉化自己的重要基礎，能讓家庭、事業、社會更和諧。修持正念可以讓我們瞭解，和平與喜悅就在我們的心中、我們的周遭，就在此地、此刻。正念是五種心靈力量之一，但也是讓我們在世上以眞實力量來做人處事的根基。

如果不懂得創造及維持具正念的家庭和工作場所，家庭生活和職場生活就會受害。許多企業都直覺地明白這個道理。

沒有正念，我們就無法從政經力量中獲得完全的滿足。我們需要正念的能量幫助自己回歸本我，看透所處的情況。我們雖是在職場工作，但仍不免把自己的困境、痛楚、受苦帶到職場上。正念修行可讓我們擁抱及瞭解所受的苦，這是個人轉化與治療的基礎。

那麼要如何修行正念呢？其實很簡單，同時也很有挑戰性。修行正念只需要在做事時全心全意投入就可以了，即使是很小的事情也必須百分之百投入，比方說撿筆、打開書、或點香。當我還是沙彌的時候，每天都要點香放在禪堂供桌上。師父教我用右手取香，左手放在右手上，然後雙手持香。香的重量很輕，爲什麼得要用雙手呢？其實就是要人百分之百投入在取香的簡單動作上。劃火柴點香或以燭火點香時，必須百分之百專注在點香的動作上，這就是在修持正念。

倒茶時若有正念，那麼把茶水倒入杯中的動作就是在禪修。不要惦記過去，不要思考未來，不要盤算明天要做什麼，就只是完全專注在倒茶的動作上，全神貫注於當下。

人人都懂得倒茶、喝茶，但並非人人都能秉持正念倒茶、喝茶，因爲人都是傾向於逃離當下，受到習性能量的牽引。習性的能量很強，因此我們必須修行，加以轉化。越是能脫離習性的牽絆，在日常生活中便越能完全活在每一刻。

在工作場所，我們要管理的員工可能很多，可能只有寥寥數人，也可能只是管好自己而已。擔負責任是件好事。我們可能也有功成名就的欲望，但若缺乏正念，就會受到成功欲望的掌控。欲望成爲習性，不斷逼迫人，讓人再也無法享受當下喝茶的樂趣，即使茶水在嘴裡，也沒有意識到茶水的存在，而是喝下了工作和問題。

佛陀認爲，人生只存在於當下。佛陀說：「過去已逝去，未來還沒來，人只活在『一刻』，現在的這一刻。」錯過現在的這一刻，就等於錯過了人生，這個道理十分清楚明瞭。正念的能量與修行可以幫助人回到當下、擁有人生。這種修行需要投入時間，需要別人的支持。要是沒有訓練，沒有一群修行同伴的支持，就無法達到正念。

你的同事中或許會有人願意成爲你的修行同伴。

你也許有打理得宜的漂亮房子和庭院，庭院裡種了許多花卉，你知道庭院裡開了許多花，卻一直沒辦法欣賞花的美。大家看著你的庭院，或許會十分羨慕，也想要有個那樣的庭院，可以好好散步、欣賞花草樹木。可是，你卻沒時間享受庭院的美好，而是忙著尋找問題的答案，忙著解決問題，忙著克服困難，忙著在職場上努力成爲第一。

偶爾，你一時福至心靈，心想：「我有漂亮的庭院，一定要花點時間好好欣賞。」於是你進入庭院，走了幾步，看著花草樹木。你的用意是好的，可惜走了四、五步就放棄了，因爲你太過關注在工作上；工作有如獨裁者，阻止你享受當下生命的美好。

正念就是活在當下

我十六歲當沙彌時，老師教我開門、關門都要百分之百專注。有一天，老師請我去幫他拿東西。我很喜歡老師，便急著去拿，匆忙之下，趕著把門關上。

老師喚我：「小沙彌，回來。」我回到老師身邊，合掌望著老師。老師說：「小沙彌，這次秉持正念走出門外，秉持正念把門關上。」這是他教我的第一堂正念修行課。當時，我開始秉持正念走路，意識到自己所踩的每一步。我秉持正念觸碰門把，秉持正念開門，秉持正念走出門外並把門關上。開關門的方法，老師不用再教我第二遍。

握著小孩的手時，要百分之百投入在握手的動作上；擁抱另一半時，要百分之百投入，心無旁騖、全心全意地把注意力放在擁抱的動作上。我們過日子和做生意的方式卻是完全相反，別人都要我們一次做許多事情，一邊講電話一邊回電子郵件，在開專案會議時，卻在筆記上寫著另一個專案的內容。所有的新科技都承諾要幫人一次做許多事情——現在，我們聽音樂、講電話、拍相片的時候，還能寄送電子郵件，只要一個裝置就能完成。能量分散，力量何在？

不要一直同時處理多件工作，必須教自己同時間只處理一件工作。正念需要一點訓練。人也許很聰明，一點就通，但道理明白了，不見得就能做到。正念需要修行，需要訓練。

首先，把正念的修行專注於自己身上。做到這點後，秉持正念對待家庭。無論你對家庭的態度是什麼，家終歸是家。不先處理自己的家，就無法處理職場生活。家裡也許有痛苦、恐懼或不安的情緒，但正念可以幫助我們認清痛苦、擁抱痛苦，並加以轉化。你可以對所愛的人說：「我會支持你，讓我們一起擁抱痛苦、轉化痛苦。」正念就是完全活在當下的能力。當你愛著人的時候，對於所愛的人，你能給的最珍貴禮物就是真實的陪伴。帶來喜悅、轉化痛苦的能力，是有錢也買不到的。

接著，正念會協助我們瞭解職場的情況。無論你是管理數百名員工的企業家，還是單獨作業或團隊合作的員工，只要有了正念，就能看透並認清企業的優點、困境和痛苦。仔細觀察職場，就能看出同事或員工的恐懼和痛苦，此時可以跟對方說：「我會支持你，我知道你在受苦，我們可以一起擁抱痛苦、轉化痛苦，一起盡力消除痛苦。」同樣的原則也可以應用在自己和家人身上。擁有正念的能量及看清事物的能力，就能獲得觀照，進而轉化及療癒。

正念就是百分之百關注自身，正念的能量可讓我們認清眼前的人事物。在眼前的，是你自己；在眼前的，是你所愛的人。如果不能活在當下，就無法認清自己，無法認清快樂與痛苦。你要是心不在焉，就會看不見對方，而對方就會覺得自己沒有獲得關注、瞭解和關愛，因而開始受苦，而對方的苦又會反過頭來讓你受更多的苦。沒有正念，就幫不了自己，幫不了所愛的人，更無法在職場上獲得成功。沒有正念，手中的力量便會離去，最終就會不滿足。

正念是具體的。正念可以發生在一次呼吸之中，吸氣時把意識放在吸氣上，在吸氣時默念「吸」，呼氣時默念「呼」，這或許會有幫助。做了這個簡單的動作之後，就能讓心思回到自己身上，眞正回到當下。正念也可以發生在一步之中，以百分之百的注意力踏出一步，自然呼吸，不要控制呼吸，不要改變呼吸。注意吸一口氣時走了幾步，呼一口氣時走了幾步。

在家裡練習時，可以用很慢的速度走，吸一口氣走一步，呼一口氣走一步。在工作或在外頭時，吸一口氣或呼一口氣可以走兩步、三步或四步，一邊走一邊默念「吸、呼」，也許會有所助益。例如，假使你是吸著氣走三步，呼著氣走四步，那麼可以說：「吸、吸、吸，呼、呼、呼、呼。」把心思完全放在走路和呼吸上。這個練習很簡單，又十分有效。如果你能正念呼吸與正念走路，就可以回到自身，眞正活在當下。

在呼吸之間保持正念

要瞭解正念，必須先從身體的角度進行瞭解。我們可以學著關注自身！方法很簡單，先認清自己身體的存在，以正念的能量溫柔擁抱身體，練習正念呼吸與正念走路，藉此產生正念。你可以對身體說：「親愛的身體，我知道你在，我會好好照顧你。」你的身體將變成你所愛的對象。

不懂得照顧自己的身體，不懂得釋放身體裡的壓力，不讓身體休息，就是不愛惜身體的表現。大家都知道身體有自癒的能力，切到手指時，只要清理傷口就好了，剩下的事情就交給身體。要是忘記身體有自癒的力量，就會驚慌不已。如果能讓身體休息，那麼身體不需要很多藥物就能自癒。

森林裡的動物受重傷時都很清楚該怎麼做，牠們會找個隱密的地方，躺在那裡幾天幾夜不吃不喝，牠們有智慧，等傷口好了才去尋找或獵捕食物。人類以前也有這種智慧，但現在卻失去了休息的能力，身體一不舒服就慌了，趕忙去看病，請醫生開一堆藥方，這都是因爲我們不明白，讓身體休息往往就是最佳療法。

有些人會抱怨沒有時間休假。休假的目的是爲了要有閒暇時間休息，但等到人們眞的去休假時，卻又不懂得該如何休息，往往做一堆事情，比休假前還累。我們必須學習深層放鬆的技巧，躺下，關注身體不同部位並放鬆。先從頭開始放鬆，然後一直往下放鬆到腳底。「吸氣，關注身體。呼氣，放鬆身體的壓力。」「吸氣，關注眼睛。呼氣，對眼睛微笑。」每個身體部位都用同樣的方式放鬆。掃瞄整個身體，不是用X光，而是用正念的光掃視。到了不舒服的器官或身體部位時，可以停留久一點，用正念的能量擁抱它，對它微笑，這樣就會加快治癒的速度。

這個練習可以每天做，一個人單獨做，或者和家人一起做。等到習慣之後，就可以引導自己、另一半、家人進入完全放鬆的境界。你也可以鼓勵其他家人負責引導整個家庭進入完全放鬆的境界，兒童很擅長引導別人進行這種練習。等到能夠擁抱身體、放鬆累積的壓力、幫助身體療癒之後，就能回歸到自己的感覺和情緒（練習細節詳見附錄A）。

大家都經歷過愉快和痛苦的感覺。在正念的修行中，有一個重要練習就是在處理痛苦的情緒。許多人會逃離自己、逃避痛苦。痛苦時往往不懂得該如何處理，因而選擇逃避。此外，還誤以爲自己有力量的話，就不該感到痛苦，所以會用其他事情來掩蓋痛苦的情緒。壞了的木栓沒換掉，也沒讓藏識裡的正面種子萌芽，反倒是用漫不經心的消耗來逃避感覺，比方說看電視、看書、或者講電話，努力做其他事情，好忽略所感受到的痛苦、恐懼、悲傷或絕望。雖然做這些事情可以暫時忘記痛苦，但是卻給身心帶來更多的苦惱，例如渴望、恐懼、擔憂。如果每天都這麼做的話，會讓情況越來越糟。

我們要回歸自己，用正念的能量認清心裡的痛苦，溫柔的擁抱痛苦，就像母親擁抱嬰兒一般。正念就是母親，而痛苦、悲傷、絕望就是嬰兒，彼此不對抗，正念的能量會認清、擁抱、慰藉痛苦。母親一聽見嬰兒哭，就會放下手邊的事情，立刻前去抱起嬰兒，溫柔的擁抱嬰兒。她起初或許不知道嬰兒怎麼了，但溫柔擁抱的動作已讓嬰兒獲得慰藉。同樣的，你或許不知道痛苦、絕望、沮喪、恐懼的原因，但若懂得用正念的能量去擁抱痛苦，就能立即獲得慰藉，因爲正念的能量會開始穿透痛苦和悲傷的能量。

想像早晨的花，花還沒開，陽光擁抱花，陽光的能量開始穿透花。陽光沒有迴避花，反而自然地穿透花。一個小時之後，陽光下的花不得不開。陽光就好比正念，擁抱著由感覺所構成的花。

如果任由憤怒、恐懼、絕望單獨存在，不加以照料，它們就會產生破壞性。如果能產生正念，正念就會認清並擁抱這些痛苦的感受。正念呼吸與正念走路的練習，不僅能滋養及提振我們，也能幫助我們認清並擁抱心裡的痛苦。不要用能量和力量來壓抑痛苦，而是要幫助身體更統合。擁抱痛苦，就能變得更堅強。

如果所愛的人和我們一起坐著或走路，我們可以借助他們的正念能量，讓自己變得更加堅強。我們可以向對方說：「親愛的，請過來和我一起做正念走路的練習，我需要和你一起練習。」然後，對方就會過來和你一起走。兩人結合彼此的正念能量，就會擁有許多的正念能量來擁抱痛苦。

如果有幾個朋友和我們一起坐著，正念的正面集體能量就會變得更強大，而集體能量將能更輕鬆的擁抱痛苦、悲傷、絕望，所以若在知道怎麼做的團體中一起練習，會十分愉快又有助益。集體的能量很強大，若能讓集體能量擁抱自己，就會覺得好多了，也能快速獲得療癒。

正念的能量可協助我們意識到正在發生的事情。吸氣時會知道自己正在吸氣，這就是正念呼吸；喝茶或喝咖啡時會知道自己正在喝茶或喝咖啡，這就是正念飲用；走路時會知道自己正在走路，享受踏出的每一步，這就是正念走路。這些練習會產生正念的能量，幫助你完全活在當下，觸及生命的美好，獲得滋養療癒。

五大正念訓練❶

有一次，給孤獨請五百位商人聽佛陀說法。當時佛陀開釋的佛法就是日後的《白衣弟子經》（*Sutra on the White-Clad Disciple*，暫譯）❷，主要是在說明如何以商人與戶長身份快樂的活在當下。《白衣弟子經》提到「快樂的活在當下」至少有五次之多。知道自己走在正確的道路上，就是最大的快樂。最大的快樂就是從事你喜歡的工作，而且那工作還能傳達出自己的理解與慈悲。快樂、責任、正念，三者息息相關。商人要踏上通往快樂的道路，可以先從照顧好自己做起。練習創造出正念的能量，就能獲得應得的喜悅和快樂，有能力關心別人的安康與否。由此可知，快樂的元素有許多都是從當下而來。

《白衣弟子經》闡述，正念與快樂的根基就是「五大正念訓練」。五大正念訓練很重要，我們可以學習有技巧地處理力量，並培養眞正的力量，也就是心靈力量。五大正念訓練是正念練習的核心所在。

五大正念訓練

第一個正念訓練

我知道生命毀滅所造成的痛苦，我會努力培養慈悲心，學習保護人類及動、植、礦物的生命。我決心不殺生，不讓別人殺生，不容許世上、我的思考、我的生活方式有任何殺生的行爲。

第二個正念訓練

我知道剝削、社會不義、偷竊、壓迫所造成的痛苦，我會努力培養慈愛

❶編者注：五大正念訓練即傳統的「五戒」，又稱正念的五種訓練。一行禪師為便於讀者理解「五戒」，以「五大正念訓練」來代替傳統「五戒」一詞，第一至第五個正念訓練分別是尊重生命（不殺生戒）、真正的幸福（不偷盜戒）、真愛（不邪淫戒）、愛語和聆聽（不妄語戒）、滋養和療癒（不飲酒戒）。

❷原文注：在佛陀的時代，出家人穿黃袍，而在家居士在與出家人共同修行時則是穿白袍。

心，學習替人類及動、植、礦物謀福祉。我承諾會慷慨大方，把時間、精力、物質資源分享給眞正需要的人。我決心不偷竊，不佔有別人的東西。我會尊重別人的財產，並防止別人從人類的痛苦或地球上其他生物的痛苦中獲益。

第三個正念訓練

我知道不正當性行爲所造成的痛苦，我會努力培養責任感，學習保護個人、夫妻、家庭、社會的安全與完整。我決心不在沒有愛及長期承諾的情況下發生性關係。爲了維護我和他人的幸福，我決心尊重我的承諾及對別人的承諾。我會盡己所能，保護孩子免受性虐待，防止夫妻與家庭因不正當性行爲而破碎。

第四個正念訓練

我知道漫不經心的說話方式及無法聆聽別人所造成的痛苦，我會努力培養關愛的說話方式，全神聆聽，以便把喜悅和快樂帶給別人，並減輕別人的痛苦。我知道話語能創造快樂，也能創造痛苦，我會努力學習眞誠的說話，運用能激勵自信、喜悅、希望的話語。

不確信的消息，我決心不去散播；不肯定的事物，我決心不去批評或譴責。造成分裂或不和的言語，或者造成家庭或團體破碎的言語，我應該戒用。我會盡全力調解及解決所有的衝突，就算衝突再小也會處理。

第五個正念訓練

我知道漫不經心的攝取所造成的痛苦，我會爲了自己、家庭、社會，練習正念飲食及攝取，努力培養身心健康。若有東西能讓我的身體、我的意識、家庭及社會的集體身體與意識保有和平、安康、喜悅，我會努力吸收。我決心不飲用烈酒，不使用其他麻醉品，不攝取含有毒素的食物或東西，例如某些有害的電視節目、報刊雜誌、電影、對話……等。我知道用這些東西毒害自己的身體或意識，就是背叛祖先、父母、社會，以及後代子孫。我會對自己和社會進行飲食管理，努力轉化內心及社會的暴力、恐懼、憤怒、困惑。我明白適當的飲食是轉化自我及社會的重要一環。

五大正念訓練是正念練習的具體表現，可以應用在日常生活中，無論是工作場所或家庭都適用❸。這樣的正念精神也存在於基督教、猶太教、伊斯蘭教、印度教，以及所有宗教信仰。即使你的宗教傳統並非佛教，當你閱讀經論回到自己的根源時，就會在你的傳統中發現五大正念訓練的成份。五大正念訓練可以幫助你更瞭解自己的傳統，失去根源的人是快樂不起來的。

五大正念訓練不是另一個人可以施加於我們身上的，而是自行練習後直接獲得的成果。我們想要觀察自己的正念訓練，因爲如此一來，當我們在練習正念時，便能看見未觀察時所升起的諸般痛苦。因此，我們決心修行五大正念訓練，根除不幸與痛苦。

五大正念訓練不是戒律，而是個體在思量痛苦及根源後所許下的承諾。這是修行，是觀照後所生出的決心。如果想要更深入瞭解成就非凡的公司如何根據深層觀照實行正念與慈悲，請見附錄B—巴塔哥尼亞公司（Patagonia）執行長伊方・修納（Yvon Chouinard）的故事。

正念訓練的精髓

我認爲，五大正念訓練是在修行眞正的愛與慈悲。第一個正念訓練是保護生命。因爲我愛生命，我愛眾生，所以決心訓練自己秉持正念，不容許世上有任何殺生的行爲。因爲生命寶貴，所以我決心要保護生命，不僅要保護人類的生命，也要保護其他生物的生命，因爲人類是由人類以外的元素所構成的，也就是由動、植、礦物的元素所構成的。要保護人類，就必須保護人類以外的元素，這是《金剛經》這部最古老的

❸原文注：五大正念訓練的詳細評註，請見一行禪師所著之《可達成的未來》（*For a Future to Be Possible*，暫譯）。

深層生態學書籍當中的教誨。我們必須保護動、植物，甚至礦物，才能保護人類，而這正是第一個正念訓練的精髓。若想要保護環境，請閱讀《金剛經》，就能明白保護動、植、礦物就等於保護男女老幼的道理，這就是愛的修行。

第二個正念訓練是修持慷慨心。貧窮無處不在，不平等導致諸多痛苦，因此我們的生活方式應要能減輕痛苦。我們決心把時間、精力、物質資源提供給眞正需要的人，這就是眞正的慷慨。我們可以把日子過得更簡單，這樣就能擁有更多時間去幫助別人。我們決心不偷竊，不佔有不屬於自己的東西。第二個正念訓練同樣也是眞愛的修行。

第三個正念訓練是保護個人與家庭。不正當的性行爲與性虐待造成諸多痛苦，我們應當努力避免。第三個正念訓練也是眞愛的修行，我們承諾不在沒有愛及長期承諾的情況下發生性關係。如果深入來看，就會發現身體和心靈是不可分割的。尊重身體，就是尊重心靈；不尊重身體，就是不尊重心靈，兩者密不可分。有了尊重，才可能有愛；沒有尊重，就不是眞愛。

在社會上，有的人只是爲了肉體的歡愉而進行空洞的性行爲，把性與愛混爲一談，但性根本不是愛。當我們愛對方的時候，會把珍貴的東西給對方，而那個珍貴的東西就是我們的心靈與心智。我們已經知道心靈與心智非常貼近身體，靈魂裡有祕密地帶，那裡有痛苦，有想要隱藏的深處脆弱渴望，而這些我們只和眞愛分享，就像靈魂裡有座紫禁城一樣。以前的中國皇帝都是住在紫禁城裡，非皇室者不得進入，擅入者得處以斬首之刑。我們的心裡也有座紫禁城，只開放給最愛的人進入，那裡是神聖不可侵犯的。

同樣的道理也適用於身體。身體也有紫禁城，那是別人在未獲得我們明確允許時不可觸碰的身體部位。這樣的智慧早已存在於文化之中，但是在某種程度上，我們對身體和心靈的神聖區域失去了尊重。第三個正念訓練可以保護我們及別人免於受苦。

第四個正念訓練就是溝通的方式。話語是有力量的，不然就是白費脣舌了。在歷史上，人類從沒有像現在這樣擁有如此多種的溝通方式，有電子郵件、手機、傳眞、電視、收音機、報紙，可是彼此之間的距離卻依然有如遙遠相隔的島嶼，家人之間、社會的個體之間、國家之間，能做到眞正溝通的，實在是少之又少，這都是因爲我們不懂得傾聽彼此的話語，不太能進行有意義的交談。眞實溝通的大門必須重新打開，沒有溝通，就沒有交流；沒有交流，人就會生病。當病情加重時，就會感到痛苦，然後又把自己的痛苦擴散到別人身上。

話語可以建設，也可以破壞。正念說話能帶來眞正的快樂，漫不經心的說話則會損害生命。要是有人跟我們說了一些話，讓我們健康又開心，那些話就是對方所能給予的最佳禮物。在第四個正念訓練中，正念說話與專心聆聽別人，兩者密不可分。我們全神貫注並秉持慈悲心聆聽，眞正專心聽進對方要說的話。我們唯一的心念只是要幫助別人覺得能安全的敞開心胸，減輕痛苦。

第四個正念訓練與第五個正念訓練——正念攝取有關。「攝取」二字指的不只是吃進肚子裡的東西，還有觀看、閱讀、聆聽的東西。我們攝取的東西會影響我們的人。看清每天所攝取的東西，就會瞭解自己的本質。人必須吃、喝、攝取，若是漫不經心，便可能有損身體與意識，也表示不重視祖先、父母，以及後代子孫。

我們可以注意身體與意識究竟吸收了什麼東西。請自問：「我的身體今天吸收了哪種毒素？我今天看了什麼電影？我讀了什麼書？我看了什麼雜誌？我有了什麼樣的對話？」正念就是認清這些毒素，然後進行排毒飲食。你可以對自己說：「我覺知到自己每天讓毒素進入身體和意識，害我生病，也讓所愛的人受苦，因此我決心制定適當的飲食計畫，發誓只吸收那些能讓身心獲得平靜，安樂及喜悅。」

五大正念訓練或許很像是難以遵行的重大承諾，也許並不符合你心目中的自我形象。不過，若能付諸實現，人生就會更加輕鬆，日子也會充滿更多喜悅。所以，馬上行動吧！步上正確的道路，盡己所能保護眾生的安樂，然後就再也不會害怕了。即使不得不經歷困難的時刻，例如疾病、危險或死亡，也仍能與自己和平共處。這是我的經驗之談。

我認識一位美國人，他在越戰期間入伍從軍，他滿懷好意，基於反共的動機，想要爲國服務，便去了越南，而他在越南的任務就是在夜裡取人性命。越南境內有游擊隊會在晚上去村莊遊說村民支持他們，反共政府找不到村民與游擊隊合作的證據，但美國中情局卻認爲有村民跟游擊隊合作，應予以殲滅，這樣游擊隊才不會左右村民。

美國士兵的任務就是趁著夜裡溜進嫌疑人的家，以刀奪取他們的性命。美國士兵並不用槍，以免槍聲引人注目。到了早上，村民發現有人死了，就會說是共產黨過來殺掉他的。在和平時期，誰要是犯了罪，就會被帶去法院進行審判；可是在越戰時期卻非如此，一旦他們認爲誰是敵人，就會趁著夜色暗殺對方，不留蛛絲馬跡。你認爲誰是敵營的人，就予以殲滅，沒有審判，沒有法院，什麼都沒有。

越戰過後多年，告訴我這個故事的美國士兵生了病，即將死去。當時我目睹了他所受的痛苦，那種苦啊，眞是筆墨難以形容，不僅身體受苦，靈魂和良知也承受極度的痛苦。取人性命的往事，日日夜夜、無時無刻不糾纏著他，一直等到他如實吐露往事後，痛苦才得以平息。

你所做的一舉一動都會回報到你身上。你把刀子插入別人的身體，對方是死了沒錯，但你所施加的傷害都會回過頭來懲罰你。你所受的苦無人能懂，唯獨你一個人瞭解，而且死亡的過程是十分艱辛的。由此可知，最大的快樂就是知道自己走在正確的道路上，不去傷害人類及動、植、礦物。內心祥和，就能無所畏懼，走過困境與危險，然後安詳的離開人世。這很重要，沒有時間再等了。

沒有人可以完全遵行五大正念訓練，連佛陀也不例外。但目標並不在於追求完全遵行，而是要正念觀照自身，即使是犯錯時也要正念觀照。好比說，夜晚在森林裡迷路了，可以倚賴北極星走出森林，我們跟著北極星的方向走，是要回家，而不是要抵達北極星。正念訓練就有如北極星，不一定要做到完美的境界。正念訓練是指引的方針，讓我們知道自己走上的是有益的道路。如果你走上的是心靈道路，走上的是愛、慈悲、理解的道路，知道自己是往哪個方向走，就會感到快樂。你走上了慈悲的道路，走上了保護生命的道路，就有可能獲得快樂。這點十分重要，實踐五大正念訓練，就會受到保護。

五大正念訓練放諸四海皆准，實踐訓練就能跟佛陀成爲更親近的朋友，成爲耶穌更愛的門徒。佛陀、耶穌、亞伯拉罕、穆罕默德是我們一路上的良伴，而五大正念訓練是保護及支持我們的修行良方。

4
獲得我們眞正想要的

力量唯獨只在增進自己和他人的快樂時才有好處。
活得安樂是人生頭等大事，
然而，大多數時候我們都在受苦，
不斷地追逐著渴望，向過去或未來尋求快樂。

讓菩提心發芽

進行正念練習與五大正念訓練後，就更能看清權力、欲望背後的動機。動機清楚之後，就能百分之百專注於一舉一動，行爲也會更有力量。

意志是想法、話語、行爲背後的強烈動機，能左右一切。每個人對自己的人生都有一個堅定的目標，想要有所成就，覺得內心有一股巨大有力的能量，想要擁有眞正活著的感覺。

大家追求眞正活著的感覺時，方法各有不同。有人爲了理想，犧牲生命也在所不惜，比方說，爲了追求國家獨立、社會公義、推翻獨裁政權，連性命也可拋到一旁。渴望會創造出行動所需的能量和力量。有人的動機是出自於保護環境的渴望，爲了保護地球，願意經歷任何艱難困境；有人想脫離大量消費的循環，想過簡單的生活，有更多的時間和精力去服務眾生。

也有人的動機、渴望不如前述有益，生活只是爲了要累積財富、影響力、名氣，想要別人羨慕嫉妒，他們開好車，住豪宅，跟有名氣、有魅力的情人交往。還有人認爲某些人害他們受了許多苦，因此他們最強烈的渴望就是要懲罰那些人，活著是爲了報仇，整個人生都是在渴望攻擊、摧毀、懲罰對方，認爲是對方害他們受苦，他們也要讓對方受苦。他們寧願炸毀飛機，或攜帶炸彈闖進大使館，在爆炸中犧牲性命，就只是爲了報仇。他們認爲自己是受到不公義待遇的受害者，想要把悲傷和痛苦施加於其他的團體或國家，這樣的動機就是他們人生的根基、行爲的基礎。他們已經放棄了快樂，因爲若動機是要懲罰別人，或者追逐名聲、榮譽和力量，肯定是要受許多苦的。

意志的力量有可能會造成不幸。佛陀舉了一個例子，有位年輕人被兩個強壯的男人拖往火坑，年輕人雖想要活下來，卻硬是被拖去火坑。這兩個男人的力氣比年輕人大，要把年輕人丟進火裡。年輕人雖然不想死，卻也無力抵抗。佛陀說：「想要把你拖去地獄國度的兩個強壯者究竟是誰呢？他們就是你的意志，你的渴望，你渴望名聲、權力、性愛、財富，以爲追求這些就能獲得快樂。」

悉達多太子在成佛之前，花了六年的時間修行，才成爲證悟解脫的自由人。他在自己的家庭、社會、國家裡，看見了許多痛苦。他離開家人，拋下太子的地位，並非是要逃離責任，他的動機是出於愛。悉達多想要根除自身的痛苦，以求幫助別人解脫，而這就是他內心最深處的渴望。這種渴望帶給他無窮的快樂，讓他有勇氣和力量去經歷諸多艱困苦境。

這種渴望和意志被稱爲「菩提心」。菩提心是愛心，是證悟心，也可解釋爲「理解心」，因爲理解正是愛的根基，沒有理解，就無法接納，無法去愛。不理解父親，就無法眞正愛他；不理解女兒，就無法愛她。理解就是愛，愛就是理解。如果你渴望要獲得這樣的理解，就是擁有了初心。初心是力量最強大的能量，擁有這種能量就永遠不會放棄，因爲你追求的是快樂——自己的快樂和別人的快樂。

因此，我們必須看清自己的渴望，認清自己眞正的動機。我們知道做生意是爲了賺錢，但我們必須瞭解賺取利潤的同時會帶來什麼樣的結果，我們是否在賺取利潤的過程中造成了痛苦、絕望或不公義？賺錢只是其中一環，用錢的方式也很重要。錢可以用來促進福祉，有了錢就能買藥救人一命，有了錢就能提供食物給飢餓的人，但錢也會摧毀自己和別人的生命。我們必須看清，是不是只有錢才能帶來快樂？

商界、政界、娛樂界、體育界、或科學界的人士，他們背後的動機與渴望是什麼呢？是要擁有更大的權力、更高的名聲、更多的財富嗎？我們可能會以爲權力、名聲、財富只是讓我們能獲得更大成效的手段，但光靠這些並無法讓我們快樂，也無法幫助別人快樂。自尊心和責任感可能會引人進入歧途，自我欺騙。因此，務必看清內心最深處的渴望，看清其眞正的本質。要是你受苦，也讓所愛的人受苦，那麼任何理由都無法爲你的渴望開脫責任。

你可能永遠都沒機會練習觀照自己的意圖，但若有機會觀照，就會發掘出內心最深處的動機。我們必須找出自己每日行爲背後的動機來源，有益的動機會把福祉帶給我們，把快樂帶給我們和許多人，而有害的動機則會把痛苦帶給我們、家人、社會大眾。

慈悲的理想及有害的渴望是可以區分的，兩者截然不同，但有時我們會誤把渴望看成崇高的理想。我們往往會自欺，讓自己好過點。貪婪就是因無知而起，我們有錯誤的認知，以爲得到某些東西就能獲得快樂，但得到了之後，渴望和痛苦卻還是持續不止。

佛陀以魚餌和釣鉤的意象來說明這個現象。你看見魚餌，以爲它會帶來許多愉悅和快樂，但等你咬了魚餌，卻被釣鉤給鉤住了。現在大家釣魚都用人造餌魚餌也不是眞正的昆蟲，而是用塑膠製成，很能吸引魚的注意。魚不知道魚餌裡有釣鉤，看見餌就一口咬下，被釣鉤給鉤住，拖離水面。

我們猶如被鉤住的魚。是什麼吸引了你，讓你受到誘惑，想要得到，便一口咬下，即使明知會被鉤住，卻還是照咬不誤？名聲、性愛、權力、財富是四種藏有釣鉤的誘餌，要是你的動機是其中一種，就注定要受苦。有錢時覺得自己位高權重，順你意的狀況如此之多，使你沉迷於消費中，但這樣卻有可能會毀掉自己、家人、甚至是公司。一般而言，這種毀壞往往會損及環境與社會。

心中強烈的渴望是要爲所愛的人服務嗎？是要爲自己、其他眾生和地球服務嗎？是要努力追求那些缺乏眞正養份的誘惑嗎？我們可能會自我欺騙，認爲自己之所以重視財富、權力、名聲，其實只是把這些視爲一種手段，以求更有效地帶給別人快樂、提供工作、或幫助環境。然而，自尊心和責任感可能會引人走入歧途，所以我們不該自欺，必須做到眞正的誠實並認眞修行，才能發掘渴望與動機的眞正本質。務必要區分出沉溺渴望與眞正快樂兩者之間的不同。快樂有許多形式，但眞正的快樂不會源於性愛、權力、名聲、財富這四種渴望。

渴望，其實是有害的

佛陀以狗爲例。把一根骨頭丟出去，狗會追著骨頭跑，即使骨頭上沒有肉，狗還是愛嚼。狗並沒有從骨頭上獲得養份，但還是咬著骨頭不放。我們的心態就像這樣，渴望永遠不會帶來滿足，但我們依舊追著渴望跑。

佛陀也以逆風持火炬爲例。火炬會燒到手，感官的渴望也一樣會燒到手。渴望並不會帶來眞正的快樂，只會燒傷人，實際上還會毀掉人。

佛陀還舉了另一個例子。你口渴了，走近一間看似無人的屋子，看見一瓶水。你渴得想喝水，正要把瓶子湊進嘴邊時，有人出現了，說：「不要喝，水有毒。」可是你太渴了，還是喝了下去。人對性愛、權力、名聲、財富的渴望十分強烈，猶如飲鴆止渴。

有時理智會告訴你，抓住渴望很危險，但你明知會受苦，卻不能抵抗，還是做了。要是沒有明智的朋友、心靈團體可以保護你、幫助你，那麼就算判斷力再好，往往還是會去追求有害的渴望。

人之所以會渴望某種東西，就是因爲沒有看見那個東西眞正的本質。不要鄙視金錢、性愛、權力、名聲，只要看清一點——追逐這些會帶來許多痛苦，卻只能得到些微的滿足感。有害的渴望好比鹽水，喝得越多，口就越渴。我們持續追求金錢，以爲等到（或只有等到）手中擁有的金錢達到某個數目後就會獲得快樂；等到那天眞的來了，我們擁有許多金錢後，卻仍感到不足夠，因爲我們總是想要更多。

沉溺在渴望裡會被毀掉。佛陀舉了最後一個例子，有一隻小鳥從屠夫那裡偷了一片肉，小鳥往天上飛，突然有一隻大鳥來了，要搶那片肉，可是小鳥不肯放。要是小鳥一直咬著肉不肯放，大鳥爲了搶到肉就會殺掉牠。小鳥多少也知道這點，但牠還是不肯放。

事實上，我們所追逐的東西都只是幻相，若抱持正念，就會知道這樣做並不值得。若能深入探究所渴望東西的本質，假設這個東西是錢，那麼就會明白錢並不是我們必須渴望的東西。錢不用太多，只需要一些錢來滿足基本需求即可。要是能看清所渴望東西的眞正本質，就能放下追逐，獲得療癒，最終得到自由。

瞭解愛的眞諦

每個人心底深處都渴望延續生命，想要生育子女。出家眾也有生育子女延續生命的渴望，他們可以在精神層面滿足這項渴望，擁有精神上的後代子孫，在不壓抑自己的情況下，完全滿足這方面的渴望。經由修行，就能以昇華的方式滿足渴望。

伴侶關係中的愛，與延續生命的渴望有關聯，但這並不表示生兒育女是性關係唯一正當的理由。心中有愛，就需要表達愛，而性愛是表達愛意的其中一種方式，卻不是唯一的方式。如果誤以爲性愛是唯一的方式，可就大錯特錯了。除了性愛之外，還有很多方式可以表達愛意，伴侶仍可快樂相處。如果看得不透徹，誤以爲性愛是表達愛意的唯一方式，就很可能會沉迷在性愛之中。母親抱著孩子時，懷著許多的愛；父親跟兒子在講電話時，也可以表達深切的父愛。

問題就在於如何表達愛意並保有快樂。不尊重對方的身體，就不是愛。如果性行爲之中沒有尊重、溫柔、慈悲、慈愛，就不是眞正在表達愛意，而是在表達渴望、暴力、輕蔑。因此，明白來說，以性愛來表達時，應該要有眞愛的存在，不然就是在替自己和對方創造痛苦。眞誠表達愛意應該要包含給予快樂、消除痛苦、清除分別心的渴望，這樣，性愛就可以深入精神層面，可以是十分美好的行爲。

若存有輕蔑的成份，愛就會被毀滅。你必須捫心自問，自己的性行爲是否創造了痛苦？有時另一半沒有心情做愛，卻還強迫另一半做，這就是缺乏尊重、缺乏愛。好比邀人喝茶，對方忙得沒時間喝茶或不喜歡喝茶，你卻還是強迫對方坐下一起喝茶，這樣一來，你就不是眞正的朋友，也不是眞正愛對方。

尊重是眞愛的第一個成份，不僅要尊重對方的心智和靈魂，也要尊重對方的身體。要抱著十分尊敬的態度，溫柔對待另一半的身體，因爲人是由身與心結合而成的。在梅村，我們每次替人按摩時，都會先合掌呼吸，在觸碰對方身體之前，要抱持著完全尊重的心。要是你的動機是渴望，性愛就會具有破壞力；要是你創造出的是嫉妒、憤怒或沮喪，那麼你就會明白那不是眞愛。由此可見，我們是有可能藉由性愛的親密行爲來表達愛意，但應謹記下列兩點：一、性愛必須是爲了表達眞愛，而非表達渴望；二、以性愛來表達愛意，並非表達愛意的唯一方式。

追逐心中所渴望的東西是危險的。快樂是有可能獲得的，但若沉迷於欲望與感官上的愉悅，就無法獲得快樂。眞正的快樂在於明白所有欲望的根基是無知，或稱無明。如果明確知道欲望會帶來何種危險與痛苦，欲望就會減弱。比方說，你知道得愛滋病很痛苦，還有可能會死去，清楚瞭解這點之後，就會小心保護自己，避免得到愛滋病。由此可見，理解是正確行爲的基礎，而無知則會招致錯誤的行爲。

判斷行爲是非對錯的標準，就在於行爲是否會招致痛苦。行爲若會讓我們或周遭的人於現在或未來受苦，那就是錯誤的行爲；行爲若會替現在與未來帶來福祉，那就是正確的行爲。這種標準可說是既簡單又明瞭。

換句話說，源於正念、專注、觀照的行爲是正確的；違反正念、專注、觀照的行爲則是錯誤的。痛苦和快樂是互補的一對，我們可以藉由這兩者更加看清所處的情勢。用這兩個衡量標準就能分辨是非對錯，知道什麼該做，什麼不該做。

因此，想獲得快樂，想成爲眞正的菩薩，必須每天花點時間好好坐下來觀照自身，找出激發我們的能量是哪一種，以及該種能量會把我們帶往何處。我們是否被帶往痛苦與絕望的方向？答案如果是肯定的，就必須放開這個意向，找出更有益的能量來源。我們的意志應爲菩提心，也就是愛心，想要愛與服務的意向。

以正念實踐菩薩的一言一行

每個人的內心都有覺醒與慈悲的種子。佛教所說的菩薩，就是獲得覺醒、抱持正念者，菩薩的動機是想要幫助別人獲得覺醒、抱持正念、擁有快樂。你的目的就是要覺醒而面對痛苦及其根源的眞相，覺醒而面對快樂的可能。理解與慈悲之路，就是通往快樂之路。

如果你沒有強烈的欲望想要幫助人們，讓人們獲得解脫，帶來覺醒與喜悅，那麼你就不是菩薩，就沒有正道可以遵行。然而，若有正念並覺知意向，就能快速且輕鬆地成爲菩薩，成爲努力保護眾生的覺醒者。如果內心有諸多慈悲、觀照、覺醒，即便身份是商人、運動員、科學家、政治人物、藝人、家長，也能有菩薩之道。菩薩實踐了快樂活在當下的生活態度，以萬千化身活在人間。踐行菩薩的作爲，不用穿僧服，不用達到證悟，不用收入頗豐，不用功成名就，或許穿西裝打領帶，或許穿牛仔褲，都能擁有菩薩的喜悅、快樂、自由。當你擁有許多的喜悅、快樂、自由之後，就可以跟其他眾生分享。

菩薩的內心可能有恐懼、受苦、痛苦等阻礙，此時菩薩會回歸自身，認清痛苦所造成的阻礙，擁抱痛苦，把痛苦轉化成慈悲、愛、理解、堅毅。菩薩有能力回歸自身，觀照自己的身體與意識。生命必然會有痛苦，但快樂仍有可能獲得，這就是佛陀四聖諦的總結。四聖諦同等適用於商人、出家眾，以及介於兩者之間的人。第一個聖諦是苦，痛苦是存在的；第二個聖諦是集，痛苦是有起因的；第三個聖諦是滅，快樂是有可能獲得的；第四個聖諦是道，通往快樂的道路是存在的。我們必須區分第一個聖諦與第三個聖諦的不同。第一個聖諦的梵文是 *dukkha*，意思是痛苦；第三個聖諦的梵文是 *sukha*，意思是快樂。痛苦與快樂十分不同，可是我們往往把欲望誤認為快樂。

不用害怕痛苦，反而要正視痛苦；若試圖逃避痛苦，就永遠沒有機會轉化痛苦。佛陀說，我們應該站在食物養份的觀點來看待痛苦，你吸收的東西造成了你的痛苦。佛陀說：「看透不幸的本質，認清不幸的養份源頭，即踏上解脫之道。」

所有想要成為菩薩的人，都必須採用同樣的方法。我們必須回歸自身，好好照顧自己，認清內心的痛苦，以便擁抱痛苦、轉化痛苦。必須為自己挪出時間，關注自身，然後就能關注家人、公司、選民、學校、社區。

身為藝術家、老師、家長、或政治人物，就表示有能力成為菩薩，以及立刻讓許多人覺醒。你的動機若是渴望成爲菩薩，就能擁有許多喜悅和能量，名聲和權力再也沒有吸引力。你變得積極，日夜幫助人們觸及他們內心的喜悅、和平、快樂，幫助他們瞭解歧視、恐懼、渴望的種子，並加以轉化。你知道自己在人間的生命是美好、有助益的，而這種喜悅是名聲、政治力量、經濟上的成功所無法比擬的。你就是活在當下的菩薩。

無論你從事哪種行業，只要眞正的意向是在工作中成爲菩薩，即使並未自稱爲佛，但其實就已經是佛了，就如同身爲菩薩商人的給孤獨。任何職業的人都可以秉持慈悲心，完全活在當下。在團體的支持之下進行這項練習，可以帶來轉化、療癒、喜悅、快樂。你和家人成爲一體，並努力推動覺醒與轉化，這是一條美好的道路。

唯有以增進我們與別人的快樂爲目的，力量才會有益於人。寧靜與快樂是生命中最重要的事情，可是大多數的時候我們卻在受苦，不斷追尋著渴望，向過去或未來尋求快樂。大家都知道企業的盈利就是利潤，但獲利的意思是「獲得益處」，而人從成爲菩薩的過程中可以獲得益處，方式也有很多種。如果工作會帶來福祉，那麼賺錢就沒有錯。賺錢的方法可以是沒有破壞性的，可以更加促進社會正義，加深理解，減少周遭所存在的痛苦。要達到這個目標，就必須拋開對權力、財富、名聲、性愛的追求。這四種渴望伴隨彼此而來，不練習正念的話，就會成爲這四種誘惑的受害者。我們若深入觀照，就會發現在商業世界裡工作，若能用對方式，就能爲別人及自己帶來許多快樂。如果所做的事情是爲了有益於全體人類與環境，那麼我們的工作就具有意義。雖說同樣都是在賺錢，卻是有意義的，因爲這樣的工作能爲世界帶來福祉。

5
快樂的祕訣

哪裡有形式、有認識，哪裡就有妄想。

我們根據事物的表相、外在形式做決定時必須謹小慎微。

要獲得快樂、證悟和慈悲，就必須自由自在，不受自己觀念的愚弄。

什麼是眞正的快樂？

如果我們能夠平息心中的渴望，就會發現我們眞正想要的並不是財富，也不是名聲，而是快樂。我們想擁有快樂，便向外尋求力量。然而，若在名聲、金錢、性愛中尋求力量與快樂，是找不到的。唯有回歸自身、淨化心靈，才能體驗到眞正恆久的快樂，以及不會腐化的力量。

窮人和無名小卒有可能獲得快樂嗎？許多人以爲沒錢、沒名聲，就沒有權力，因此無法獲得眞正的快樂。當然了，赤貧會導致痛苦、疾病、暴力，所以必須先滿足食物、飲水、住所、衣物、人身安全、生活的基本物質需求，才能獲得快樂，因此我在這裡所指的是渴望擁有超乎物質需求的金錢。

佛陀證悟得道時，並沒有名氣。在他非凡的成佛日，世人大多不認識他，連家人也不知道他已證悟得道。他去鹿野苑拜訪先前共同修行的五位友人時，友人也不知道他已成佛。他還沒有名氣，證悟得道後，只是坐在菩提樹下，跟小孩子玩，十分快樂。他的快樂不是因名聲或金錢而起，而是因解脫、和平、智慧而生。我們應該訓練自己站在和平、自由、慈悲的觀點來衡量快樂，而不是看著銀行帳戶的金額來決定快樂與否。和平、自由、慈悲等這些是力量的極重要源頭，可以在日常生活中培養。佛陀日後確實聞名於世，但名聲並未消耗或摧毀他，反倒讓他的教誨和修行遠播。這種名聲沒有害處，對諸多眾生而言其實是大有助益的。

即使沒有金錢和名聲，只要修行五大力量，就能比許多有錢的名人還要快樂。讓人出乎意料的是，如果你覺得快樂，那麼要賺取足夠的錢過著舒適簡單的生活並不困難。如果你踏實且自由，要賺取所需的錢就容易多了。如果你快樂，在任何情況下都會比較自在，什麼也不怕。若有五大心靈力量，即使失去工作，受的苦也不會那麼多，因為你懂得如何簡單生活，可以繼續快樂下去。你知道遲早會找到別的工作，並開放胸襟接納所有的可能性。

我們必須區分快樂和興奮的不同，或甚至要區分快樂和喜悅的不同。許多人誤把興奮當作是快樂，誤把某樣東西等同於快樂，心裡想著或期待著的都是那樣東西，對他們而言，那樣東西就等同於快樂。然而，興奮就表示內心並不寧靜，而真正的快樂是基於寧靜的。

假設你在沙漠裡走著，快渴死了，突然看見綠洲，心裡明白到了綠洲就有水可喝，可以活下來了。雖然你並未實際看到或喝到水，但是心中已經生出了一些感覺，如興奮、希望、喜悅，只差沒有快樂的感覺。唯有實際喝水解渴之後，快樂才會到來。如果心中沒有寧靜，體驗到的就不是眞正的快樂。

有的人覺得快樂很容易，有些人即使擁有許多快樂的情境，卻覺得快樂好難。快樂的情境是買得到的，但快樂卻買不到。以打網球爲例，打網球的喜悅是店裡頭買不到的，店裡買得到網球和球拍，卻買不到打網球的喜悅。要體驗打網球的喜悅，必須親自去學習並訓練自己打網球。寫書法也是同樣的道理，墨水、宣紙、毛筆都買得到，但若不親自練習寫，就等於沒寫，所以寫書法需要練習，必須訓練自己。只有等到你有能力寫書法的時候，才能獲得書法家的快樂。快樂也是同樣的道理，快樂必須自己培養，店裡是買不到的。

行禪是訓練自己快樂的好方法。站在某一定點，往旁邊看，選一樣東西，比方說松樹，然後決心在走向松樹的過程中享受所走的每一步，且每一步都帶著寧靜和快樂，這會讓你獲得滋養、療癒和滿足。

有的人從一點走到另一點的過程中，可以享受踏出的每一步，不受任何事的干擾，不想著過去，不想著未來，不想著專案計畫，毫無興奮的感覺，甚至連喜悅的感覺也沒有，因爲喜悅裡仍有比寧靜更多的興奮感。受了行禪的訓練後，每踏出一步就能體驗到寧靜、快樂和滿足，有能力眞正用每一步觸碰地球，發現光是活著、完全立足於當下、踏上那麼一步，竟是如此美妙，而在每一步的片刻時光中，都能活在那份美妙裡。

無論是單獨行走，還是和團體一起走，你所踏出的每一步都能釋放緊繃感，觸及當下生命的美妙。等到你不再緊繃，不再遺憾過去，不再擔憂未來，那麼，每踏出一步就能觸及天主之國或佛陀淨土，整天都是如此。在福音中，有個農夫的故事，他在田裡發現財寶，便回家變賣所有東西買那塊田。我們的情況就像那位農夫，要是懂得如何在當下觸及天主之國或佛陀淨土，就等於擁有了最珍貴的財寶，而無需再追逐金錢、名聲、權力。

我一直在力勸教會領袖與宗教領袖教導世人能在當下觸及天國的教誨和修行，這樣我們就不用再追逐名聲、性愛、金錢、權力，因爲天國永遠都可觸及，我們要不要觸及天國便是問題所在。在佛法的教義中，佛陀淨土存於方寸之間。擁有自由，就能在當下觸及生命的美好。

法國作家紀德曾說，上帝即快樂。我喜歡這個說法。紀德還說，上帝一天二十四小時無處不在，如果上帝在此，天國必然也在此，那麼你是否也在此享受天國呢？同樣的道理也適用於佛教。行禪得當的話，每一步都能幫助你觸及佛陀淨土，所以你可以挑戰自己：「我要從這裡行禪到那棵松樹，我發誓要成功。」唯有你自由，才能讓踏出的每一步帶來快樂和寧靜。

別活在虛假的快樂中

有一位比丘尼跟我說了她朋友的故事。這位朋友來過梅村，已經結婚，有家庭、工作、房子、房子，樣樣不缺，感情關係雖不符期待但也還不錯，從工作中也可獲得樂趣，薪資高於一般水準，房子又漂亮。

可是她依舊不快樂。理智上來說，她知道自己的物質生活舒適安逸，但明知如此卻仍無法脫離沮喪的情緒。像她那麼成功的人並不多，她也知道自己很幸運，但就是不快樂。

我們很容易就以爲快樂是將來會得到的東西，就好像在沙漠中看見數英哩外的綠洲，便期待著抵達綠洲就能獲得快樂。我們以爲自己缺少了可以快樂起來的條件，以爲達到某種條件後就能擁有快樂。

假設你認爲獲得學位就能得到快樂，你日夜想著要拿到文憑，以此爲目標，盡己所能，因爲你認爲將來拿到文憑後就能獲得快樂。等拿到文憑後，可能數天或數週都會感到喜悅又滿足，但很快的你就會適應這個新情況，不過幾週的時間，你就再也感受不到快樂了，你會習慣於擁有文憑這件事。我們對自己的快樂免疫，不久，就再也感受不到快樂了。

就算贏得樂透變成億萬富翁，也無法從這樣的好運中獲得長久的快樂。研究顯示，贏家在兩、三個月過後，情緒狀態就會回復到贏得樂透之前的狀態。在贏得樂透後的三個月當中，贏家體驗到的並不是眞正的快樂，而是經歷了許多思考、興奮和規劃。三個月之後，贏家就回到了贏得樂透之前的情緒狀態。

也許你想要跟某個人結婚，認爲沒跟對方結婚就無法獲得快樂，跟對方結婚就能獲得很大的快樂。結婚後，也許能有一段時間都很快樂，但最終那份快樂會消失，婚姻裡再也沒有興奮喜悅的情緒，當然快樂也就消失了。你所獲得的並非你所期待及夢想的，或許是因爲心裡知道獲得的東西不會長久，另一半有一天可能會背叛你，你無法確定對方是否對你忠實，因此生出恐懼和不確定感。即使有份好工作，也不確定能否保有這份工作，生怕隨時會被解僱。這種缺乏寧靜的快樂，含有恐懼的成份，無法成爲眞正的快樂。要保有這些所謂快樂的情況，必須讓自己一直處於忙碌的狀態。而這些擔憂、不確定感、忙碌，讓你再也感受不到快樂，因而心生沮喪。

我們誤以爲達到某些情況才會獲得快樂，但即便所謂的快樂情況全都握在手中了，卻仍舊不滿足。因此，想要獲得眞正快樂的人會想問，我們究竟能倚靠什麼呢？答案既簡單又深刻。若想體驗極大的快樂，喚醒大理解和大愛之心，就不該把心思放在形式、聲音、接觸、見解等外在的事物上，不應該倚靠物體來生出證悟之心、愛之心。

假設你在思考著人生之路該選擇哪條，也許當警察會讓你很快樂，有的人之所以想要當警察，是因爲想要穿警察制服，想要權力。有的人覺得當醫生可以獲得快樂，有的人覺得成爲政治人物會很快樂。

你必須選擇其中一條路，但卻不確定所選的道路能否帶來快樂。你猶疑地猜想：「要是做這行不快樂，該怎麼辦？」我們之所以會有這樣的疑慮，是因爲我們是根據形式和表相來作決定的。出家爲僧是一種表相，從政之路、從商之路、藝術家之路也都是表相。有快樂的藝術家，也有不快樂的藝術家；有快樂的出家眾，也有不快樂的出家眾；有快樂的在家眾，也有不快樂的在家眾；有快樂的警察，也有不快樂的警察。因此，不能說你所渴望的職位或職業會帶來快樂，如果以爲能根據外在形式下決定並獲得快樂，那可就大錯特錯了，反而還會受到蒙蔽。

你可能想嫁給有吸引力的男人、有名望的男人、或者社會地位高的男人，以爲嫁給這種男人就保證能獲得快樂。如果是因爲對方的外表或錢財而想跟對方結婚，那麼就只是倚賴外在的形式，但外在的形式時有變化，要是配偶失去工作、名聲、權力呢？要是對方出了意外、再也沒有吸引力了呢？

不論選擇的是哪種形式、哪條路，只要是執著於形式，就無法獲得想要的快樂，即使身爲出家眾也不例外。如果執著於出家眾的形式，以爲穿上僧袍、住在寺裡，就能獲得快樂，那可就錯了。有的出家眾不快樂，是因爲缺乏理解和愛的能力，若能懂得在生活中時時刻刻培養理解和慈悲，那麼外在的生活形式就再也不重要了。因此，成功的關鍵並非出家眾、在家眾、警察、農夫、或醫生的形式，而是要有能力培養快樂、理解和慈悲。

有形式（色）之處，有看法（想）之處，便有妄念。我們必須非常謹慎，不要根據事物的表相和外在形式來作決定。要獲得快樂、證悟和慈悲，就必須自由，不受自己的看法所蒙蔽。深入觀照事物，就能發掘事物的本質，再也不會受到表相的蒙蔽。不受表相所蒙蔽，就再也不會受苦，進而擁有快樂的能力。

人很容易這麼想：「要是擁有這個和那個，我就能獲得快樂。要是得不到，我的人生就毀了，永遠失去快樂了。」我們對於什麼是力量，以及什麼會帶來快樂，自有一套見解，而這種見解可能相當危險。只追求某一種對快樂的見解，就會受困於那種見解中，這樣是很危險的。快樂到來的方法有一千種之多，端看你是否開放心胸去接納。只追求某一種對快樂的見解，就會被困住，快樂再也不會到來，因爲你決心關上心門，只接受某一種快樂。你的動機自然是渴望自己快樂，渴望讓所愛的人快樂，但是你對快樂的見解實際上卻成了障礙，阻止你和所愛的人獲得快樂。

「你確定嗎？」

佛陀曾說過商人的故事。商人喪妻，有天出門做生意，把年紀尚小的兒子留在家裡。商人離家期間，強盜來了，燒毀了整個村子。商人回來時找不到自己的家，家已經成了一堆灰燼，附近還有一具焦黑的孩童屍體，他頓時跌坐在地上，捶胸扯髮，哭泣不止。

隔天，他將小男孩火葬。他的愛子是他活在世上的唯一理由，於是他縫了一只漂亮的小絲絨袋，把骨灰放在袋子裡，無論到哪裡都隨身攜帶裝著骨灰的袋子，不管是吃飯、睡覺、工作，袋子都不離身。其實，他的兒子是被強盜綁架了。三個月後，男孩逃了出來，回到家門前。男孩抵達家門時，已是凌晨兩點，他敲了敲父親所蓋新房的大門。可憐的父親正躺在床上握著骨灰袋哭泣，聽到敲門聲便問：「誰啊？」男孩說：「是我，爸爸，我是你的兒子啊！」父親答：「不可能，我兒子死了，我把他的屍體火葬了，隨身攜帶他的骨灰。你一定是在調皮搗蛋，想要騙我，走開，不要吵我！」父親拒絕開門，小男孩沒法進門，不得不離開，而這位父親就這樣永遠失去了兒子。

佛陀說完故事後表示：「如果你在人生中的某一刻，把某個見解或看法當作是絕對眞理，那麼就是關上心門，終結了尋求眞理之路。而且你不僅是不再尋求眞理，就算眞理親自來敲你的門，你也會拒絕開門。執著於觀點、見解或看法，就是眞理之路的最大障礙。」

好比爬梯子，爬到第四個梯階時，自以爲已經在最高的梯階，不能再爬得更高了，所以就站在第四個梯階不爬了。可是，其實還有第五個梯階，想要爬上第五個梯階，就要放棄第四個梯階。我們要時時丟棄原有的見解和看法，以便接納更好的見解和更眞實的看法。因此，我們必須時時自問：「我確定嗎？」

我有個朋友是理財專員，口才很好，起初他常用這樣的天份說服客戶買股票，後來他接觸到佛陀的教誨，學到了「你確定嗎？」這句眞言之後，就改變了觀點和方法。人們問他是否確定時，他說：「我不能說自己很確定，但這是根據我目前的瞭解所提出的意見。」他很誠實，結果有更多人去尋求他的建議。

我們可能會發現自己十分渴望成爲特別的人，把功成名就以及「成爲重要人物」看得很重，但儘管成就再高，這種看法也會造成我們承受許多痛苦。那麼要如何處理成爲重要人物的渴望呢？

你是個什麼樣的人，決定了你的行爲、你所做的事情；至於行爲的品質如何，則看你的整身心的品質。假設你想要帶給某人快樂，熱切地希望讓對方快樂，這種想法雖然很好，但若你本身不快樂，就無法帶給別人快樂。要讓別人快樂，自己得要先快樂起來。因此，你的身心的狀況和所做的事情之間是互有關聯的，身心若不健全，事情就做不好。

如果知道有一條路可走，瞭解要去的方向，就有可能獲得快樂；如果你不認爲自己所走的是正確的道路，不知道要去的方向，就會受苦，感到迷失且困惑。快樂就是覺得自己時時刻刻都走在正確的道路上；獲得快樂無需走到終點，當下就能獲得快樂。

要瞭解自己是否走在「正確的道路」，就要看你時時刻刻是用何種具體的方式過生活。在日常生活中，是有可能時時刻刻正念分明的生活。正念分明的生活會讓你快樂，也會讓周遭的人快樂。即使你都還沒有「做出」那些讓他們快樂的事情，但只要你走在正確的道路上，而且也走得很快樂，那麼你就會變得討人喜歡、清新、慈悲，別人光是待在你身旁就能獲益。

看看前院的樹木吧，它似乎什麼都不做，就只是站在原地，健壯清新又美好，大家卻能從中獲益，這正是生命的奇蹟。如果樹木不是樹木，大家就會有麻煩；如果樹木能成爲眞正的樹木，就有希望，就有喜悅。

因此，能夠做自己，就已經是愛了，就已經是有所作爲了。作爲是基於無爲，而無爲是「活著」（being，存在）的修行。有的人「做」得多，惹出的麻煩也多，即使是基於善意，卻是越努力幫忙，越製造出更多麻煩。我們周遭有一些激進份子，他們的心裡不寧靜也不快樂，因此所作所爲都造成許多麻煩。由此可見，我們「活著」的方式是要讓自己時時刻刻都有可能獲得寧靜和慈悲，以此爲根基所生出的言語和作爲便會有所助益。如果你能減輕對方所受的苦，讓對方微笑，你就會感到十分快樂且有所獲得。

比丘尼之所以快樂，並不是因爲她有權力或名聲，而是因爲她知道自己的出現能幫助許多人。覺得能幫助別人，能幫助社會，就是快樂。當你有一條道路可走，又享受在道路上所踏出的每一步，就表示你已經成爲重要人物了。你不用變成別人，你已經是自己想要成爲的人了——練習「無爲」這項活著的技巧吧！

一心走路，正念呼吸

我年輕爲僧時，學到佛陀的教誨可簡化爲四個簡單的句子。有人問佛陀，如何才能獲得快樂？佛陀說，諸佛所教的都是同樣的東西：

諸惡莫作，眾善奉行，自淨其意，是諸佛教。❶

當我聽到這種說法時，並不訝異，心想：「這太簡單了，大家都贊同人們必須要行善避惡。調伏並淨化自心，這太模糊了吧。」不過，經過六十五年的修行後，我對這項教誨卻有了不同的觀點。仔細思考，我認爲這四句話很有意義。

現在我明白了，避惡就是不做那些會造成你和別人痛苦的事情，而其他眾生和環境也包括在內。正念可幫人判別事情的善惡，懂得做某件事會替自己和周遭的人帶來幸福還是痛苦。若能克制自己，努力避惡，就是在避免給自己和別人帶來痛苦，就是在修行慈悲。修行慈悲就是修行快樂，因爲快樂就是沒有痛苦。接著，努力行善，致力做那些會讓自己和別人感到寧靜、安穩、喜悅的事情。

我們要修行愛，修行慈悲，心裡明白修行愛會帶來快樂；沒有愛，快樂就無法存在。所有偉大的心靈導師都教我們去愛，具體的做法就是帶來快樂，避免造成痛苦。

行善避惡，道理說得容易，也容易理解，但是實際上要去做卻不是易事。因此，行善和避惡這兩件事情，全要看第三件事情「自淨其意」而定。意（心）是一切的根基。

佛陀說，所有的痛苦源於心，所有的快樂也源於心。淨化自心就是轉化觀看事物的方法，清除錯誤的看法。清除錯誤的觀點後，就能清除憤怒、憎恨、分別、渴望。

我們的心可能會被三種毒物所殘害。第一種毒物是貪欲，第二種毒物是憎恨或暴

❶原文注：出自《法句經》，意思是不做惡事，努力行善，淨化並調柔自心，此即諸佛的教誨。

力，第三種毒物是妄想。淨化自心就是中和及轉化心中的毒物。要中和毒物，就要運用三種智慧：一是正念的能量，二是專注的能量，三是觀照的能量。

心若充滿困惑、憤怒、渴望，就表示心不純淨，這樣一來，即使想要行善也行不通，即使想要避惡也避不開。唯有懂得使自心柔和淨化之道，才能輕鬆完美地帶來快樂，避免造成痛苦。使自心柔和淨化的技巧，是佛教中最特殊之法門。當自心柔和淨化後，就有可能獲得快樂。

你從這裡走向松樹，先是踏出一步，訓練自己這一步要帶著正念、專注、觀照的能量。若能確實練習行禪，就會發現所踏出的每一步都會產生正念、專注、觀照的能量，帶來許多快樂。如果能用這種方式走路，就會察覺自己正在踏出一步，而這就是正念的能量。我在這裡，我活著，我正在踏出一步。踏出一步時，覺知自己正踏出一步，這就是正念分明地走路。正念可讓人完全活在當下，專注的踏出步伐。

臨濟禪師曾說：「奇蹟不是能在空中、水上或火上走路，眞正的奇蹟是在地上走路。」秉持正念、專注、觀照的能量走路，就是在步出奇蹟，可以眞正的活著，眞正的活在當下，觸碰內心及周遭的諸多生命美好。

人類發明了各式各樣的機器，節省大量的時間。人可以用電腦做出許多不可思議的事情，電腦的運作速度比打字機快上千百倍。在農業方面，以往需要耗時數週犁田，現在只要數日就能完成；現在不用動手洗衣服，只要交給洗衣機就行了；現在不用打水，廚房裡就有自來水。我們有許多方式可以節省勞力，卻比以前的人還要忙碌，這實在很矛盾，究竟是爲什麼呢？因爲我們獲得的東西如此之多，爲了害怕失去，所以必須努力工作才能保有這一切。因此，即使擁有很多，仍會受苦沮喪。

製藥商指出，社會上消耗最大量的藥品是鎮靜劑和抗憂鬱藥。佛陀所談的柔和淨化心靈，並非是指鎮靜。

我們讓自己吞進了許多毒素和毒藥，一手所創造的世界擊敗了我們，我們再也無法逃離，即便是睡覺作夢也逃不開。我們誤以爲必須擁有某些情況才能獲得快樂，若能瞭解到那些情況其實會帶來快樂的反面，也就是沮喪、絕望、疏忽，那麼還是有可能獲得寧靜和快樂。

我們必須先從呼吸開始做起，必須正念分明地呼吸，察覺自己活著，察覺周遭及內心仍存有生命的諸多美好，這樣才能觸及每一分鐘，達到轉化療癒之效。我們必須用自己的雙腳學習如何走在當下，因爲我們所踏出的每一步都會帶來轉化、療癒和滋養。

大多數的人走路都像在夢遊，雖在走路，卻心不在焉，沒有體驗到生活，沒有體會到生命中的諸多美好，獲得的喜悅少之又少。我們夢遊般的度過一生，人生有如夢境似的不眞實。要培養眞正的力量，就要從夢中覺醒。正念分明地踏出一步，可以促進覺醒，回到人生，回到活著的奇蹟。

正念包含專注在內，因此正念存在，專注也隨之存在。走路的時候，有時專注，有時不專注，也許只有百分之五十、六十或九十的專注力放在步伐上，然而專注力越高，就越能有所突破，進入觀照。正念生專注，專注生觀照，而觀照就是修行的成果。好比柳橙樹結出柳橙，觀照則是帶來無常、無我、相互依存的眞相。

無常是指一切都在變化，連在行禪時所體驗到的快樂也會變化。快樂無異於所有現象，都是無常的，只能維持一步之久；要是下一步沒有正念、專注和觀照，快樂就會逝去。然而，你知道自己是有能力在踏出第二步時，也生出正念、專注、觀照這三種能量，你是有力量讓快樂延續得更久的。這就好比騎腳踏車，持續踩著踏板，就能繼續前進。

快樂是無常的，卻能重生；你也是無常的，也能重生，就像呼吸步伐可以重新調整那樣。你不是體驗無常的常在之物，而是體驗無常的無常之物。如果快樂可以重生，你也可以重生，下一刻的你就是此刻的你之重生。快樂只持續一次吸氣或一步之久，能夠感知這項事實很好，因爲只要懂得如何產生正念、專注、觀照，那麼下一次吸氣或踏出下一步時，快樂就可以重生。

無常的觀照生出無我的觀照。如果追逐的是個人的快樂，滿足感最終都會逝去，因爲個人的快樂是不可能獲得的。我們的快樂和存在，取決於他者及他物的存在與快樂，這就是相互依存的觀照，萬物是相互關聯的。父親知道要是兒子不快樂，自己也無法眞正快樂，所以父親在追求自己的快樂時，也是在追求兒子的快樂。正念分明地踏出步伐，不只是爲了自己，也是爲了另一半和朋友，因爲自己停止受苦的那一刻，別人也會隨之獲益。

當你踏出正念的一步時，看似只是替自己一個人踏出一步，努力尋找一點寧靜、一點安穩、一點快樂而已。然而，只要擁有觀照，就會明白一點——做有益於自己的事情，就等於是在做有益於所有人的事情。家裡或公司裡只要有一個人修行，不僅修行的人受益，大家也會跟著受益。修行者若正確修行，就能獲得無我的觀照，知道自己的修行是爲了幫助大家。

你或許會覺得自己在家裡或辦公室扛起了大多數的工作，因此氣惱別人，覺得他們應該受到懲罰。當生出憤怒或分別心時，修行者應要認清，若讓這種能量持續下去，對自己、對別人都是不健康的。若能觸及無我的本質，負面情緒就能輕鬆轉化。練習正念呼吸、正念走路，以便認清憤怒的感覺，擁抱憤怒並加以轉化。無知的元素消失後，憤怒的元素就會轉化。轉化憤怒不僅是爲了讓別人受益，也是爲了自己好，因爲你會看到自己與別人並無分別。有了無我的觀照，就再也不會在尋求快樂時造成別人受苦。這種觀照可以讓你獲得自由，讓世界獲得自由。

我祈願你能從這裡順利走向松樹。以產生正念、專注和觀照的方法踏出步伐，以便觸及當下，觸及生命中的諸多美好。那些你長久以來都在追逐的快樂情況，那些金錢、權力、財富、性愛，全都忘了吧！就算你得到了，還是不會快樂的。你要的是眞正的人生，眞正的快樂，眞正的力量。

6

無止盡的愛

愛和禪修並無不同，好好對待愛，就能讓愛化為心靈的力量。
我們所做的就是把有限的愛轉化成真正的愛、無限的愛，
讓我們和別人都獲得慈悲、轉化和療癒。

我們都有眞、善、美

我們若是汲汲營營於追逐渴望和虛妄的力量，就會錯失對我們的快樂而言、很重要的東西，那就是愛的經驗。有了無常、無我、相互依存的內觀，就有機會體驗到眞正的愛。法國作家聖修伯里（Antoine de Saint-Exupéry）曾說，兩人相愛不是對坐著互望彼此，而是望向同一個方向。我們都應該深入觀照自己的人生，檢視所體驗到的愛是不是望向同一個方向，如果答案是肯定的，那麼又是到何種程度。每一個人都有需求和欲望，愛對方的時候，自然會想望向對方，希望在對方身上找到自己所尋求的眞、善、美。我們都渴望誠摯的感情，尋找著那些令人崇敬、美好、良善、有益的特質。許多人以爲，一旦在對方身上找到這些特質，就會覺得自己無所欠缺，沒那麼寂寞了。

我們都在別人身上尋找眞、善、美的特質。許多人以爲只有少數人擁有這些特質，當我們在某人身上找到這些特質時，可能會以爲找到了眞、善、美的本質，因而愛上對方。但我們在尋找的過程中必須特別謹愼，因爲我們的看法可能有誤。有時，我們以爲發現了美，但那其實並非眞正的美；以爲發現了眞，但那其實並非眞正的眞；所認爲的健全，也並非眞正的良善。由此可見，我們有可能是基於錯誤的看法而愛上彼此。等瞭解對方一陣子之後就會心生挫敗，因爲對方並非我們所尋求的眞、善、美。我們以爲對方蒙蔽了我們，因而受苦。接著，我們就去尋找別人，找另一個人去愛。我們可能會失敗好幾次，落入同樣的情況，不是厭倦了對方，就是感到失望。如果繼續這樣下去，就會終其一生都在不斷的尋找另一個人。

一開始，每個人都會覺得自己有所缺乏，認爲自己並不是完整的，只是一半而已，所以四處尋找缺乏的另一半。我們就像缺了蓋子的鍋，不停的尋找蓋子。我們覺得自卑，認爲自己缺乏眞、善、美，這種感覺深植於每個人心中。我們誤以爲自己沒有價值，而這種看法我們不會說出口，甚至可能也沒意識到，但內心深處就是覺得自己缺乏眞、善、美。

我們希望自己擁有這些特質，努力表現出看似擁有這些特質的模樣，即使只是表面上也要扮演出來。我們希望在別人的面前展現出良善美好的模樣，即便只是外表這樣也好。在我們內心覺得自己其實不美又不善，努力用保養品、化妝品、衣服、飲食、或整形手術來改善外貌。我們希望自己看起來更眞誠、更博學，於是就去尋找東西來研究，或尋求不凡的體驗，好替自己帶來名望，用頭銜和獎項來妝點自己。

我們都在矇騙彼此，內心深處覺得自己沒有眞、善、美可言，同時卻又急於向對方展現自己有多眞、多善、多美。這種自欺的習性沿襲了世世代代，我們矇騙別人，別人也矇騙我們，我們是彼此的受害者，努力虛構出自己的模樣，好讓自己看起來不那麼醜陋，而別人也是在做同樣的事情。

佛陀坐在菩提樹下悟出實相的那晚，發現了一件事，這件事讓他訝異不已，我們知道的話也會同樣訝異。佛陀體悟到眞、善、美人人皆有，可是很少人知道這點，大家都以爲眞、善、美存在於他處，存在於別人身上，殊不知自己內心深處其實就藏有眞、善、美。我們以爲自己沒有眞、善、美的特質，因而終其一生都在別人身上尋找。

佛陀在證悟之時說：「好奇怪啊，眾生都擁有完全覺醒的本質，卻無人知道這點，因而在浩瀚苦海中一世世浮沉。」

若能認清自己的內心擁有眞、善、美的本質，就不會再外求，不會再無所適從，不會再覺得自己有所缺乏。此外，也能停止矇騙別人，不用再妝點自己，因爲眞、善、美就在自己的心裡。

我們就好比是海浪，以爲自己脆弱又醜陋，以爲其他的海浪比較漂亮，比較有力量，這一切都是自卑感使然。然而，等到海浪觸及自己的眞正本質——水，就會看見水超脫了美醜、高低、彼此的所有概念。無論是大浪還是小浪，無論是半浪還是三分之一浪，海浪依舊是由水組成的。水超脫了所有這些特質，無生無死。海浪只是水，而從水的角度看來，所有的海浪都是平等的，因爲所有的海浪都是水。

世界上的每一個人，無論男女、無論貧富、是否受過教育、健康還是生病，大家都擁有眞、善、美的成份。不要再外求了，你所尋求的東西已經存在於自己的內心裡。眾生都擁有純潔、清澈、完整的本質，人人必須回歸自身，才能以適當的方式觸及內心的眞、善、美。在觸及內在本質之後，就能終止多世的尋求，對自己生出堅定的信心，進而擁有快樂和寧靜。

佛陀說，人人的內心都有美的特質，但是如果家庭、社區、職場都傳達出相反的訊息，那麼自己可能會很難接受這個事實。許多人認爲職場並非安全的地方，工作時往往害怕別人不贊同自己，害怕做自己，而且爲了讓別人接納自己，便改變自己。如果快樂與否全都取決於別人的看法，就表示對自己沒有信心。一旦別人沒有看見你美好有價值的一面，你就會受苦。因此，你會想要變成別人，想要擁有別的特質，而這正是痛苦的根源。

一朵花就沒有這種恐懼，花在花園裡和其他的花站在一起，有的是粉紅色，有的是黃色，有的有許多花瓣，有的只有幾片花瓣，但一朵花永遠不會模仿另一朵花。不要努力變成別人，不需要動整型手術，宇宙聚合，幫助你誕生成這種樣貌，你原本的樣子就是美的。要做自己，才能美麗起來。你不需要別人的接納，你需要的是接納自己。生爲一朵蓮花，就展現蓮花的美，不要努力變成木蘭花。如果渴望獲得別人的接納和認可，爲了符合別人的期待而努力改變自己，那麼終其一生都要受苦。要獲得眞正的快樂和眞正的力量，就要瞭解自己，接納自己，對自己有信心。

回歸自身，尋找愛的力量

有位年輕人來到梅村出家，卻碰到許多困難，因爲他渴望別人認同他有好看的外貌及天賦。他終其一生都在尋求別人的接納，還以爲出家爲僧後，別人就會接納他，但他還是在受苦。比方說，有三、四位僧人愉快地聊天，一旦他加入後，愉悅的氣氛就消失了。這不是因爲別人排斥他，而是他需要別人認同的這股能量影響了環境氣氛，待在他身邊，就很難愉快起來。

有一天，我喚他進來，對他說：「你尋求別人的認同，讓自己受苦。或許你可以做自己，跟別人相處時不要尋求別人的認同。如果能練習正念，看見別人的痛苦和需要，那麼心裡要別人認同的需求就不會那麼強烈了。用這種方式和別人相處，別人就會更容易接納你。如果你眞的擁有美好的特質和天賦，別人自然會看見。」

起初這位僧人無法接受我的看法，多年來尋求認同的習性難以改變，不過，慢慢的，有些時候，他開始忘了去尋求及要求接納，快樂於是自然湧現。

我們對於什麼是美麗的東西、什麼是有價值的東西，自有一番見解，但這些見解可能會阻礙我們獲得快樂。我們會在心裡幻想及建構出一些事情，因而招來痛苦。我們害怕別人批評我們，而這種恐懼——並非實際的批評——讓我們心生苦惱，但這種痛苦完全是自己的心所創造出來的。

佛陀所教導的愛之修持，十分清楚易懂。修持愛要培養平等心，而平等心源自於無我的內觀。若懂得每一樣東西都是由別的東西組成的，就會停止尋求完美的另一半或個人認同。我們可以學習用平等捨心的態度看待別人和自己。世上出現的每一樣東西都是個奇蹟，練習用平等捨心的態度看待事物，就能幫助我們把自己視爲生命的奇蹟。

有時候你和別人之間會有缺乏瞭解的情況存在，你可能被許多人誤解，但你是不用受苦的。只要過好自己的日子，一段時間過後，別人就會修正對你的錯誤看法。你知道自己內心的想法，清楚自己的意念，如果每天都能以理解和慈悲的態度，創造出正面的思考和良善的見解；如果每天都修持慈言愛語，如果每天都有好的作爲，那麼就能認識自己的本質，而你的價值也會自然顯現在別人面前。這可能需要數日、數週、甚至數年的時間，不過，要是認識自己的本質，就不用再受苦了。瞭解自己，修持自身，就能生出更多美好的想法、言語、行動，從而生出自信，轉化他物。

請謹記，第一個心靈力量是信仰。佛陀和其他偉大的宗教導師都不希望人們變成需倚靠別人來獲得自信的奴隸。佛陀不希望人們仰賴他，他清楚的闡述：「你所尋求的，存於內心裡。」人的本性中自然就有導師可以尋求庇護，要對自己心中的眞、善、美本質有信心，必須回歸自身，發掘眞、善、美的存在。眞、善、美是自身存在的根基，是眞正力量的基礎。

我們看待所愛的人時，可以用這層理解去看待對方。我們可以向對方表示：「我們不要再以這種狹隘的方式來生活了，我們兩個都回歸自己的本質，不要再矇騙彼此。我們所尋求的都在自己的內心裡，不需要矇騙彼此。」然後，你們兩個就能成爲攜手步上心靈道路的伴侶，在心靈道路上，共同邁向尋求內在本質之旅，不需向外尋求。

我們愛一個人時會感到堅強有力量，因為找到瞭解自己的伴侶而感到快樂，這樣的能量既純淨又美麗，不過必須以正念對待；若不懂得好好對待我們的愛，愛很容易就會轉變成痛苦。有了理解之心，就知道要帶給對方快樂寧靜，哪些事情該做，哪些事不該做，而這就是眞愛。我們可以練習專注傾聽對方，運用慈言愛語，藉以培養理解心。沒有眞愛，就根本無法獲得快樂。

戀愛時，若缺乏這五種心靈力量，很有可能會倚賴對方的美或善，而不倚賴自己的。如果有正念和專注，就會懂得如何好好對待自己的愛，而這份愛也不會讓你和所愛的人受苦。愛是一種能量，這種能量會生出更多渴望、不安、恐懼，還是帶來寧靜、慈悲、解脫？佛教鼓勵大家像母親愛唯一的孩子那般愛眾生，這就是無限的愛，是巨大的能量泉源。有了正念、專注、觀照的力量，就能把有限的愛轉化成無限的愛。

佛陀曾說，眞愛由四無量心所組成：一是慈無量心，有能力慈愛、帶來快樂，梵文是 *maitri* ；二是悲無量心，有能力減輕痛苦，梵文是 *karuna* ；三是喜無量心，有能力每天帶來喜悅，梵文是 *mudita*；四是捨無量心，有能力以無分別之心待人，梵文是 *upeksha*。有眞愛之處，就無分別。別人的痛苦就是我們的痛苦，別人的快樂就是我們的快樂。站在無分別的觀點來看，快樂和痛苦是集體的感受，並非個體的感受。如果不瞭解另一半，不分擔對方所受的苦，那麼你的愛根本就不是眞愛，只是在消耗著對方，滿足自己的需求。眞愛的特徵就是關心和尊重，有了關心和尊重，就能看見對方所受的苦，而不會再繼續讓對方受苦。

要讓我們的愛有意義，就必須滋養菩提心，也就是無限的愛和慈悲之心。我們心中有限的愛其實可以幫助我們，一段關係可以作爲更深入觀照所處情況及世界情況的根基。我們可以在內心培養信仰、精進、正念、專注、內觀這五大心靈力量，並支持所愛的人培養這五大力量。首先，我們要學習用全然的理解和觀照去愛對方；接著，我們把這樣的愛一一擴及於別人，讓有限的愛眞正成爲無限的愛。

禪修時可深入觀照自身，滋養喜悅寧靜，擁抱痛苦，將痛苦轉化成智慧和解脫。愛和禪修並無不同，好好對待愛，就能讓愛化爲心靈力量。我們的目標就是把有限的愛轉化成眞正的愛和無限的愛，讓我們和別人都獲得慈悲、轉化、療癒的大禮。

向自身的心靈導師尋求庇護

阿難是佛陀的堂弟，有一天他出外持缽化緣，半路上渴了，停在井邊要水。坐在井邊的是位年輕女人，名叫摩登伽，是賤民階級。在印度的種姓制度中，階級較高的人通常不會觸碰或接近賤民階級，以免受到賤民階級的污染。因此，阿難要水喝的時候，摩登伽女說：「不行，水不能給你，我是賤民，你會被污染。」阿難說：「佛教的教義並沒有階級之分，佛陀說眾生平等，所以你可以把水給我，我不會被污染，別怕。」摩登伽女十分高興，用杓子舀水給阿難喝。阿難合掌謝謝她，隨後返家。

摩登伽女愛上了阿難，她睡不著吃不下，一直想著阿難有多帥、多好、多親切。摩登伽女的母親見到女兒接連數週睡不著也吃不下，便想要幫女兒的忙。

有一天，母女倆遇見阿難持缽化緣，就邀請阿難到家裡來，好把食物奉獻給他。阿難進門後，母女倆給了他一碗茶，這茶是用奪人神智的草藥泡成的。阿難一喝這茶，就覺得事情不對勁，卻也不知該如何應對，只知道自己身處險境，於是便開始靜坐禪修。他什麼話也沒說，什麼事也沒做，只是盤腿坐著，開始專注呼吸。

在祇園精舍的佛陀覺得奇怪，阿難怎麼還沒回來，便派兩名僧侶去找阿難。僧侶在摩登伽女的家裡找到了在禪坐的阿難，便把阿難帶回祇園精舍。因爲摩登伽女已哭成了淚人兒，所以他們也把摩登伽女帶回精舍。阿難回到精舍後，茶的藥效消退了，阿難便在佛陀的面前俯伏敬拜，感謝佛陀派人把他帶回來。

接著，摩登伽女進來了。佛陀請摩登伽女坐下，說：「你這麼愛阿難嗎？」摩登伽女說：「對，我很愛他。」佛陀說：「你愛阿難的什麼？愛他的眼睛嗎？愛他的鼻子嗎？」

摩登伽女回答：「我愛他的眼睛，愛他的鼻子，愛他的耳朵，愛他的嘴巴。阿難的一切，我都愛。沒有阿難，我活不下去。」

佛陀說：「阿難有很多優點是你沒看到的，要是你看到了，你會更愛他。」

「像是什麼？」摩登伽女問。

佛陀微笑道：「像是阿難的愛，阿難的菩提心。你看見的只有眼睛、鼻子、耳朵、嘴巴。阿難年紀輕輕就放棄了家裡優渥的生活，出家爲僧，爲的就是要幫助許多人。只有一、兩個人是無法讓阿難快樂的，因爲那種快樂是如此渺小。阿難想要幫助許多人才會成爲僧人，他擁有眾生平等之心，想要愛人，卻不只要愛一個人，他要愛成千上萬的人。阿難的菩提心很美，要是你能看見的話，就會更愛阿難。

「如果你眞的愛阿難，就會幫助他實現出家的強烈抱負，幫助他實現菩提心。阿難有如涼爽的微風，要是你抓住微風，把微風關進小箱子裡，就會失去清新涼爽的微風。阿難有如藍天上美麗的浮雲，要是想捉住雲，把雲關在箱子裡，用鑰匙鎖住箱子，就會害死阿難。你還沒見過阿難最美之處，要是見到了就會更愛他，而且會愛他愛到讓他做自己，就像幫助浮雲做一朵飄在美麗藍天的雲。

「不要以爲阿難是唯一擁有這樣美麗抱負的人，你也擁有這樣的美麗。如果你眞的愛阿難，看得見他的菩提心，那麼你也可以像阿難那樣生活，回歸自身，看見自己也有菩提心，並對阿難發誓說，你也會盡可能幫助許許多多的人獲得快樂。」

快樂。」

摩登伽女一聽，很是訝異，便說：「我沒有價值可言，我是賤民，不可能讓別人

佛陀說：「可以的，你已經做了，你的內心已經擁有眞、善、美的本質，這是大家都有的。如果能回歸自身，觸及內心眞、善、美的本質，就會對自己的眞、善、美生出信心，知道自己可以把快樂帶給許多人。」

摩登伽女問：「眞的是這樣嗎？我眞的可以像阿難一樣，離開家人出家爲尼，幫助成千上萬人？」

佛陀說：「是的，爲什麼不行呢？如果你能觸及內心的眞、善、美，生出菩提心，就能像阿難一樣，把快樂帶給許多人。」

摩登伽女受了佛陀的開示，觸地頂禮，隨即出家爲尼，化小愛爲大愛。

同樣也是在佛陀的時代，有一位僧人名叫維喀里，他喜愛佛陀，但他的愛是膚淺的，只是把佛陀視爲光明的化身。他坐在佛陀附近就十分快樂，而他想要的也僅止於此。他坐在佛陀身旁，感到非常寧靜、快樂、滿足，他並不專心細聽佛陀的法語，只

是盯著佛陀看。他即使直盯著佛陀看，也只是看見佛陀的幻相，看到佛陀小處的美，而看不見佛陀崇高的智慧和大愛。無論他身處何處，只要陪伴佛陀就好；無論坐在何處，只要坐在佛陀附近就好。

一陣子之後，佛陀發現維喀里依舊軟弱，便決定不能再讓他待在身邊，不讓他擔任侍者。維喀里以爲佛陀拋棄了他，不再愛他，就想要自殺。佛陀知道他想不開，便試圖找方法拯救他。

佛陀來到維喀里面前，問他：「你在做什麼？」佛陀幫助維喀里瞭解一項事實，維喀里的愛並不是僧侶深沉的愛，而是膚淺的執著。佛陀告訴他，他自己的內心深處就有眞、善、美的存在，他應該向內尋求，而不要向外追逐眞、善、美的幻相。

起初，人們會著迷於美麗的幻相，爲了想要擁有美麗的幻相而受苦。不過，醒悟後就會發現那不過是虛幻，然後就會拋棄這個幻相，尋找另一個對象來著迷。他們可能會終其一生都在追尋，世世如此，找不到眞正所愛的對象。然而，如果能遇到一個對自己的眞、善、美有堅定信心的人，就可以把這個人視爲我們的投射，以便回歸自身，觸及自己內心眞、善、美的本質，然後就能獲得快樂，終止我們的追尋。我們可以不只愛一個人，而是愛眾生、服務眾生，而佛陀一生所爲，正是在拯救眾生、愛眾生。

好的心靈導師會說，我們的心裡也住著一位心靈導師，必須向內心的導師尋求庇護，不要執著於外在的導師，因爲外在的心靈導師有可能是假的。眞正的導師總是會鼓勵我們觸及內心的導師，如果能向內心的導師尋求庇護，就永遠不會失望。海浪若對自己身爲水的本質有信心，就永遠不會失望。

眞正的導師存於我們的內心，而我們眞正要愛的對象也是自己。我們必須懂得愛自己，回歸眞正的本質，看見自己內心的健全及眞、善、美，然後就能看見別人的健全及眞、善、美。看見了自己和別人心中眞正的眞、善、美，就再也不會受到外在表相的矇騙。我們愛人的時候，有責任看清對方，不要讓錯誤的看法蒙蔽了我們的視線。眞正的善含有眞正的美和可靠的眞，這就是相互依存的觀照。眞總是美的，善總是美的，而美總是具有眞與善的特質。

我們可以和所愛的人一起練習觸及內心的眞、善、美，這樣不但能幫助自己，還能幫助無數的別人，這就是佛陀之道。無論我們是僧、是尼，是爲人夫、還是爲人妻，是身爲女友、還是男友，都必須停止瞞騙自己和別人，也不要讓別人瞞騙我們。認清所尋求的就在自己的心裡，方能大徹大悟，離苦得樂。

7

踏進家門，
就別再煩心工作的事

若心中充滿理解與慈悲，工作時就會活力十足，積極進取，
而所創造的作品也會傳達出覺醒之心。
如果能回歸當下，以正念、專注、智的方式生活，
無須擔心未來，就能擁有寧靜。

懂得傾聽自己

你看見了自己心中的眞與美之後，就能看見所愛的人心中的眞與美。愛就是陪伴、支持所愛的人，並重視對方的陪伴、支持。全心全意陪伴所愛的人，並珍惜對方的寶貴，就是實踐眞愛。要眞正陪伴、支持對方，就得先陪伴、支持自己。你有沒有時間陪伴、支持自己呢？你有沒有時間專心喝一杯茶、專心吃一顆柳橙、專心吸一口氣、專心呼一口氣？你有沒有時間專心走路，暫時拋開工作上的事情？

如果不瞭解自己，不能接納自己，就不可能瞭解並接納別人。正念練習可以幫助你觸及內心深處，從而瞭解自身的痛苦、困難和最深處的嚮往。

首先，你自己可能就有缺乏溝通的情形，你的身體和意識一直在對你傳達許多訊息，但你可能沒有時間傾聽；你的肝臟可能承受很大的壓力，但你還是繼續喝酒；你的身體可能在懇求你慢下來，或休息一天，但你一直逼迫身體更努力的工作。

你可能沒有陪伴、支持自己的身體，不夠在乎自己的身體，或者不懂得傾聽身體的聲音。你的意識裡可能有一些痛苦，但你不懂得傾聽意識的聲音。

愛意溝通的第一步就是回歸自身，透過正念呼吸，踏上回歸自身的大道，觸及內心及周遭生活的喜悅、美好、奇妙。練習用心呼吸、走路、做早餐，就可回歸當下自身，用心覺知自己的身體、感覺、看法，認清痛苦並加以轉化。

如果生出憤怒的情緒，就覺察這股憤怒；如果生出恐懼的情緒，就覺察這份恐懼。你要一直陪伴、支持自己。「早安，我的小憤怒。我知道你在那裡，我會好好照顧你。」「午安，我的恐懼，你來了啊。我知道你一直都在，你是我的老友，我會花時間照顧你。」接著，練習正念走路、正念呼吸，承認恐懼或憤怒的存在，安撫它們。

瞭解自己、愛自己，是瞭解別人、愛別人的基礎。第一步就是要回歸自身，照顧自己，瞭解自己，接納自己，對自己慈悲。

第一句愛的宣言

你能給所愛的人最珍貴的禮物，不是金錢、權力或名聲，而是眞正的陪伴。愛對方就是陪伴對方。如果不陪對方，又怎能愛對方呢？陪伴的品質十分重要，一定要待在對方身邊，讓對方感受到你的清新、愛意、理解。練習正念呼吸、正念走路，就能讓心神回到體內，讓自己處在當下，全心全意，然後就能到所愛的人身邊，說出第一句愛的宣言：「親愛的，你知道，我在這裡陪伴、支持你。」

你什麼也不用帶，只要全心陪伴對方就可以了。多虧了正念練習所生出的理解與慈悲，你的陪伴可以讓對方獲得清新、滋養、療癒的感覺。

我認識一位十一歲的男孩提姆，他生日前一天，父親對他說：「明天是你的生日，你想要什麼，我買給你。」提姆聽了卻不高興，他知道父親有錢，什麼東西都能買給他，但是他什麼都不想要，也不需要更多的東西，他需要的東西只有一樣，卻很難得到，而這樣東西就是父親的陪伴。

提姆的父親很少在家，就算在家，心思也不在，他看似坐在家裡，但是只有身體在，思緒都沉浸在別的事情上。對提姆而言，這就好像沒有父親一樣。所以，提姆回答父親說：「爸爸，我要你，其他東西我都不要，我只要你。」

父親能怎麼做呢？他知道兒子需要他真正的陪伴，於是開始練習正念分明地呼吸，先陪伴自己，以便能陪伴兒子。他趕不及在兒子生日時達到兒子的要求，但一個月後，他上樓去兒子的房間，握住兒子的手，開口說：「兒子啊，現在我眞的可以陪伴你了。」眞正的陪伴是市場裡買不到的，那是深厚的正念練習。

「親愛的，我在這裡陪伴支持你。」這句愛的宣言，意義最是深遠。這不只是口頭上的宣言，而是實踐。如果心不在焉，只是假裝在陪伴，那麼對方是會知道的。你的心思可能放在工作、擔憂和恐懼上，假裝陪伴對方，卻沒有做到眞正的陪伴。唯有練習正念，才能創造出眞正的陪伴。你所愛的人需要的是你眞正的陪伴，而不是假裝的那種。「親愛的，我在這裡陪伴、支持你。」當我們說出這句話時，就是認定了所愛的人的珍貴存在。不認定對方的存在，就會好像對方根本不存在似的。要是沒有我們的專注與正念，對方就感受不到被愛的感覺。

第二句愛的宣言

假設你在開車，所愛的人就坐在旁邊，近得可以碰觸到對方。如果你完全沉浸在工作、恐懼、憂慮、思緒裡，就會完全忽略對方的存在，你的心中沒有留下空間給對方，你孤立了對方。如果繼續用這種方式生活，對方的快樂很快就會逝去，因爲對方覺得自己不被愛，覺得失去了你的關注和用心。由此可見，務必要不時的、正念分明的呼吸，回歸自身，這樣就可以望著對方說：「親愛的，有你陪著我，我很快樂。」這是第二句愛的宣言，十分簡單明瞭。你用正念的能量擁抱所愛的人，而對方獲得正念能量的擁抱之後，也會十分快樂，猶如花朵般綻放。

懂得正念呼吸與正念走路的技巧，就能在短短一、兩分鐘後眞正陪伴、支持所愛的人。清晨，我從法國的住處走向禪堂時，是走一條種有許多樹木的小徑。當我經過這些樹木時，會抬頭看看滿月或半月。我有抬頭看月亮、對月亮微笑的習慣，我會說：「親愛的月亮，我知道你在那裡，我很快樂。」這種練習也可以用在所愛的人身上。正念吸氣呼氣，露出微笑，神采奕奕，全神貫注，然後走到所愛的人身邊，望向對方的雙眼，說：「親愛的，你在這裡陪我，活得好好的，這件事讓我覺得很快樂。」這個動作可以認定所愛的人的存在，做起來並不困難，只要先練習一下正念呼吸、正念走路，人人都做得到。

第三句愛的宣言

全心全意的陪伴，可能就會注意到所愛的人的聲音帶著一些痛苦或悲傷。正念可幫助我們瞭解所愛的人的狀況，在練習正念呼吸和正念走路之後，就能全神貫注，並說出第三句愛的宣言：「親愛的，我知道你在受苦，所以我在這裡陪伴、支持你。」

透過團體的力量互助互益

在你能爲所愛的人做事情之前，只要練習說這些話，痛苦就能大幅減輕。如果你很痛苦，但所愛的人不知道，你就會更加痛苦；如果對方知道，你所受的苦馬上就會減輕許多。這些愛的宣言是一種奇蹟，只要練習正念就能達成。「親愛的，我在這裡陪伴、支持你。親愛的，你在這裡陪我，我很快樂。親愛的，我知道你在受苦，所以我在這裡陪伴、支持你。」這種練習可讓你眞正陪伴自己和對方，每天都可以做。

因爲你有能力回歸自身，恢復內心的和諧、接納、寧靜，所以不但能實踐以上這三句愛的宣言，而且正由於陪伴的品質提升了，你也能幫助所愛的人回歸自身，讓對方也能進行你所做的練習。有了正念與專注的能量，就能好好對待自己的身體和感覺，然後開始幫助所愛的人好好對待他的身體和感覺，而這就是第二步。你可以自己幫助對方，也可以藉助團體的能量幫助對方。如果你是隸屬於修行團體、教會、或懂得正念練習的團體，做起來會更容易。你在團體中的兄弟姊妹會支持你，讓你有足夠的正念和專注，達到回歸自身的效果，進而幫助另一半回歸自身。修行穩固後，另一半就會成爲你的夥伴，不僅是正念練習的夥伴，也是你服務眾人的工作夥伴。你們倆共同修行，攜手走在同一條心靈道路上，彼此也都更加堅強了。

無論你和修行夥伴的關係是父子、夫妻、還是密友，和對方成爲修行夥伴團結起來後，就能把這份理解與支持的根基帶到事業和職場生活上，因爲私人生活的人際關係健全，就等於奠定了所有其他成功的基礎。

在你的職場生活中，也許必須跟別人接觸及共同工作，可能是團隊合作，一起製作電影、設計產品、或完成另一項專案。在團隊中，每個人都有各自的困難和痛苦，不過，由於你是懷抱著開放、快樂、清新、專注的態度，所以可以幫助所有人觸及他們自身的清新。你關心的不只是他們的工作表現，因爲工作品質其實取決於內在的寧靜與安康。你是以朋友的身份在工作，幫助每個人轉化，把寧靜、和諧、安康帶入他們的家庭生活與職場生活中。

務必要與他們分享你的正念練習，但要有技巧，因爲跟你一起工作的人，他們心中理想的服務態度和你是一樣的，即使他們很有天份，工作做得很好，你仍然需要把自己的關切和觀點跟他們分享。你在對待職場上的人時，例如其他員工、部屬、跟你有所互動的其他公司員工，態度應該要和對待夥伴一樣，必須互相瞭解、支持、慈悲以待。你的同事應該要覺得能自在地把他們的觀點告訴你，相反的，你也能自在地把自己的想法告訴同事。如果想要成功並好好服務客戶或選民，這點就十分重要。

無論你有多忙，都要花時間瞭解每位同事的狀況，瞭解他們的家庭和困難。運用慈言愛語並全神傾聽，讓他們生出信賴感，這樣他們就有機會說出心聲，把眞相告訴你。要是你一直忙得團團轉，也許公司裡會有你不知道的衝突存在；要是你不知道狀況，就會犯下錯誤。如果你更瞭解情況，你所因應的方式就可以轉化問題，讓事情回到正軌，而企業組織也會獲得更大的成效。

你的公司裡必須要有人能夠瞭解員工，專注傾聽員工所關切的事情。你可以請這類的人深入觀察公司員工的狀況，然後向你呈報員工的痛苦。這就是慈言愛語與全神傾聽的練習，可以恢復溝通交流。

如果只專注看著別人的缺點，就會看不到他們優秀的特質。每個人都有優缺點，如果只看見別人的問題，卻看不見對方的優秀特質，就表示你的看法出了問題。如果你對別人的看法有誤，就表示你對自己的看法不正確，也不知道自己的優缺點是什麼。

解決之道就是學習更深入觀照，也就是眞正的禪修。禪修是深入觀照的技巧，想要深入觀照，必須訓練自己擁有正念和專注。意識並瞭解到時間飛逝這點後，就要努力學習如何把每一刻都過得深刻，讓人生變得更有意義。你會知道，爲了提升自己的人生與旁人的人生，什麼該做，什麼不該做。

當你覺得職場的壓力大得令人喘不過氣時，便會知道自己是在經歷困境。若能運用你全部的智慧、慈悲、善意，就能創造出一個不會讓同事變成壓力受害者的工作環境。我們總是習慣努力讓工作更有效率，以爲有效率就是工作速度快，但是我們必須重新思考這點。與漫不經心地工作相較，正念分明地工作所花的時間其實不會比較久，若能瞭解到這點，那麼很多壓力都會迎刃而解。我們必須練習正念，這樣才能以快樂、自由、堅毅的態度工作，這樣我們所做的每件事，即使是打掃、清洗、烹飪，都能以快樂、自由、堅毅的態度完成；不然，我們投注的時間就白白浪費了。

然而，如果不能爲自己或家人理解到這點，就無法替同事著想。如果你無法享受放鬆的感覺，不能幫助家人享受放鬆的時刻，又怎能幫助員工享受放鬆的時刻呢？如果你不照顧自己的家庭，又怎能期待員工照顧他們的家庭呢？如果他們的家庭狀況很糟糕，又怎能快樂工作又有生產力呢？你幫助了自己和家人，就等於照顧好職場上的人。

請謹記相互依存的觀照。同事和員工都是由同事和員工以外的成份組成的，例如社會、家庭等。你需要以慈悲的態度傾聽員工的聲音，這樣他們才會跟你談家人的事情。如果你眞的在乎，就會變成他們的朋友，而不光是會賺錢而已。你出於慷慨慈悲而付諸行動，不僅能支持同事，也能幫助事業，更有機會成功。

以同理心創造家庭、職場和政治的和諧

當發生困境時，許多人會馬上做出反應，往往把其他人或團體視爲敵人，職場上尤其是如此。我們不把彼此視爲需要幫助的兄弟姊妹，我們的作爲反而製造出更多分裂。因此，務必要以眞誠非暴力的方式與人互動。

慈言愛語與全神傾聽十分重要，我們必須展現理解心。別人的一言一行也許是因爲缺乏觀照與理解使然，懲罰他們只會讓情況更嚴重而已。當公司發生問題時，我們第一個本能就是找出誰犯了錯，然後懲罰犯錯的人；可是若能對犯錯者生出理解心，成效會更大。理解對方就能生出慈悲心，從而接納對方，找出能夠幫助對方的方法。

我建議大家，學著把那些很難相處的人視爲老師，而不是要受懲罰的人。

我們應該把彼此視爲坐在同一艘船的旅人，要是船沉了，大家都會一起沉入水中。如果你能創造一種共識，讓全體員工認爲公司就是載著所有人的一艘船，那麼每一位員工就會覺得自己對公司有責任，而把自己最佳的能力貢獻出來。

如果你能瞭解員工，就能愛護、接納、關懷員工。你要的不只是員工而已，你要的是夥伴，是共同服務客戶的夥伴，這是有可能的。我住的梅村，出家眾和在家眾多達數百人，每個人的背景環境和文化傳統各不相同，國籍也不同，但我們還是住在一起，像個大家庭，因爲我們懂得實踐和解，練習接納並愛護彼此。因爲我們懂得簡單快樂過生活，所以有足夠的時間打開大門，接納諸多來到梅村學習療癒、轉化、和解的人們。

一旦在職場上創造出良好溝通與和諧氣氛之後，就能把這樣的經驗拓展到客戶或選民身上，最終擴及更大的社群，而這就是最後一步。我們應該持續跟服務的對象溝通交流，對方有可能是投票給我們擔任公職的人、公司的股票經紀人、醫院的病患等等。對話應該要具有開放性，這樣對方才會覺得可以表達自己的痛苦，而此舉就已經足以大幅減輕對方的痛苦。即使你還沒能做任何事去減輕問題，光是傾聽和表示理解，就已經能激發對方對你的信賴感。你讓對方知道兩點：一，你瞭解對方；二，你努力根絕對方痛苦的起因。你和服務對象之間必須有良好的溝通交流，全神傾聽對方的聲音，就能瞭解對方痛苦的本質，然後你就會洞察一切，懂得如何轉化狀況。

如果你是政治人物，也需要練習全神傾聽，無論是在市政府、州政府、還是國會，都要全神傾聽，這樣才能從其他民選官員的洞見中獲益。所有的民選官員都有自己的洞見要與人分享，即使對方屬於其他政黨，也並不表示所提的意見毫無價值。如果我們認爲同黨派的人一言一行都是對的，其他黨派的人一言一行都是錯的，那麼就是我們的損失了，因爲這樣的觀念根本就是錯誤的。如果思考、講話、行動都只以黨派爲準，就會成爲毫無洞見、毫無理解、毫無慈悲的機器。引領我們的應該是自己的理解和洞見，以及從工作場所與選民那裡所獲得的集體理解和洞見。

人民選我們當國會議員，不是要我們只替自己的信念奮鬥。你的見解也許很好，但也許可以加上別人的見解，讓它變得更好。不管對方是屬於哪個黨派，只要對方有眞正的洞見，就應該練習全神傾聽，眞正聽進對方的聲音。如果對方只是爲了自己的信念而奮鬥，我們也會心知肚明；如果對方擁有眞正的洞見，我們就必須開放心胸去接納。

國會議員若能全神傾聽彼此的聲音，國會就能成爲相互理解、相互分享的殿堂，我們的民主也會更加安穩，而個體的健全與制度的完善也能獲得維護。否則的話，就只是表面的民主，而不是眞正的民主。當你失去理智時，當你做事沒有根據自身內觀、慈悲、經驗的基礎時，當你必須只站在黨派的立場發言投票時，就表示你並未表現出眞正的自己，沒有把最好的一面貢獻給國家和人民。人人的心中都嚮往著要貢獻出最好的一面，我們應該要幫助彼此展現出最好的一面，唯有如此，我們才能眞正做到服務人民和國家。

正如政治人物必須與不同黨派的人合作，商界人士也可以學習跟其他公司合作，向其他公司學習，而不是彼此競爭。溝通很重要，不僅公司內部的溝通很重要，公司之間的溝通也很重要。拋開競爭、相互合作是有可能的。如果各公司的領導階層能聚在一起，深入觀察世界局勢，開發出最能服務社會的產品，就能構思出互利的政策與工作環境。如果他們能敏銳察覺人類與其他生物的痛苦，就能彼此合作、互不爭奪。

若能相互瞭解、分享洞見，我們就可以無庸置疑的繼續獲得服務對象的支持，在工作時會覺得獲得更多的支持和喜悅，和另一半之間是如此，和同事之間是如此，和服務對象之間也是如此。若能以智慧和慈悲妥善處理當下，就無需擔心未來，因為未來是由當下形塑而成的。

你認為自己一個人可以做的事情，務必要學著放手讓別人處理。即使是佛教導師也應該學著放手，從周遭找出能幫忙做事的人。人無法事必躬親，讓別人幫忙就等於是給了他們做導師的機會，也許你會很訝異地發現，學生群當中就有人比自己更善於教學和照顧團體。

因此，請不要認為自己是無可取代的，必須把自己的工作委派給別人。即使一開始你覺得對方做得沒有你好，也要委派出去，然後用快樂和清新之心支持對方，如此一來，你就能和別人共同把工作場所轉化成一股改變社會的動力。

正念安住於當下

如果你習於商業世界的運作模式，可能會心生納悶：正念究竟要如何運用在商業世界呢？如果一直專注地活在當下，要怎麼做事？

安處當下並不是要你永遠都不想過去，也不是要你都不規劃未來。安處當下的概念其實很簡單易懂，就是不要困在過去的遺憾或未來的擔憂之中。如果你安穩立基於當下，過去可以是探究的對象，可以是正念與專注的對象。觀照過去，可以獲得許多洞見，同時仍立基於當下。

過去仍存於現在，人們過去所經驗的快樂與痛苦仍然存於當下。過去，你可能犯了錯，可能笨拙地對自己和所愛的人造成痛苦。人們說，回到過去修復錯誤是不可能的，但若懷抱正念，就有可能做到這一點，因爲過去是當下一蹴可及的。假設你以前對奶奶說了不敬的話，讓她受苦，現在你很後悔，因爲她已經離開人世，你再也不能向她道歉。然而，如果你深入觀照，就會發現奶奶永遠活在你的心中，活在你身體的每一個細胞裡。你可以深深吸一口氣，說：「奶奶，我知道你在我身體的每一個細胞裡。」然後呼氣，說：「對不起。」你決定現在開始要對所愛的人更體貼、更在乎，然後你就會看見祖母對你微笑，而傷害就會獲得療癒。這種練習很好，因爲過去對你仍是有影響力的。深入觀照就能從過去學到很多，並治癒過去所造成的傷害。具正念地處理過去，跟沉浸在悲傷遺憾裡，兩者是非常不同的。

同樣的，立足於當下，就能把未來視爲探究的對象而帶到現在，從而獲得許多內觀心得。觀照與深入觀看，以及苦惱於對未來的恐懼與不確定感，兩者是不同的。如果任由自己擔憂害怕未來，就會損失時間、浪費生命。如果因擔憂未來會不會成功而困在憂慮中無法自拔，再怎麼左思右想也是沒用的。對未來感到焦慮並無助益，未來就是現在的累積。如果能盡最大的能力做好現在的事，就已經是在盡一切努力獲得快樂的未來。若把精力都浪費在恐懼、緊張、絕望、擔憂的情緒上，就會糟蹋了現在和未來。

你有權規劃自己的未來，但必須先放下未來，立足於現在；你必須安住當下，才能有效規劃未來。你要擔憂的只有一件事，那就是如何安住當下，如此一來，才能巧妙的因對未來。

如果我們繼續被擔憂所籠罩，因緊張恐懼而心生煩擾，那麼壓力就會日復一日累積，造成各種疾病。擔憂、痛苦、不安會讓身體緊張，心裡產生壓力，在家庭和職場上都會發生衝突。壓力和緊張會讓思緒變得暴力。要回歸當下，照顧自己，治療所壓抑的緊張和痛苦，這樣就能減輕所受的苦，變得更快樂。我們要接觸那些有能力治癒我們的清新美好事物，回到當下其實就能帶給我們邁向未來的力量。我們快樂，所愛的人也會快樂，此時未來的規劃及處理就簡單多了。

如果不懂得回到當下，只是執迷於未來，再怎麼思考也不會有太大的助益。我們需要思考的其實不多，如果我們健康、輕鬆、快樂、清新，就能創意思考，輕鬆想出新的概念。如果擔憂、恐懼、痛苦日復一日地壓在心頭，就會產生負面的思考，而且思緒會變得不夠清澈，無法好好對待家人和工作。

吸氣，意識到自己的身體；呼氣，放鬆體內所有的緊張壓力。開車碰到紅燈時，專注呼吸；等電梯或在商店排隊結帳時，練習放鬆身體。學著放鬆呼吸，對未來的成功將大有裨益。我們只需要一兩個眞正的好概念，就能在專業上獲得成功。我們周遭的人或許有很大的抱負與衝勁，但是他們不懂得活在當下，因而缺乏創意及觀照的力量，缺乏斷除苦惱的力量。如果能在日常生活中練習正念，只要試一次就能擊中目標。唯有思緒清澈，全神專注，才能擊中目標。

若能活在當下，正念走路呼吸，照顧自己和所愛的人，正念和專注的程度就會與日遽增。擁有正念，就表示知道正在發生的一切。如果心中充滿著擔憂和緊張，看到的就只是擔憂和緊張，連呼吸也跟著擔憂緊張了起來。若能深入觀照，就能看見問題的根源；若擁有觀照的力量，就懂得輕鬆解決問題。

在這個當下，我願自己能正確思考，願思緒能帶著理解與慈悲，滋養並轉化自己，把喜悅和快樂帶給自己和周遭的人。在這個當下，我願自己的言語能傳達理解和慈悲，願言語能恢復溝通交流，能生出信心與和解。在這個當下，我在乎自己的舉止，我的舉止應能表達我的理解與慈悲。若能確定自己的思考、言語、舉止都符合理解和慈悲，就再也不用擔憂未來，也能省下許多精力。我想要百分之百投入當下，而這是有可能做到的。如果我知道自己在當下已經做到最好了，就不怕別人現在和未來所提出的觀點或見解。過去、現在、未來，三者息息相關，現在就包含了過去和未來。

政治人物若能投入當下，就不用擔心下次能否當選；商人若能投入當下，就不用擔心下一波的產品促銷能否成功。如果知道當下必須要做的事情，懂得照顧自己和所愛的人，就已經是在盡己所能做好當下的事，自然可以安心，根本不用擔心未來。只要日常生活的每一刻都過得深刻，就有可能在內心生出寧靜、喜悅、安康，這樣就無需擔心未來了。如果知道自己已經採用最好的方式去處理當下，就不會苦於絕望和不安，哪還有什麼需要擔心的呢？

有時，人之所以會擔心未來，是因爲希望未來和過去一樣成功。當你創造出廣受歡迎的賣座產品時，會很高興自己成功了；當你寫的書賣了一百萬本，你會很開心，希望下一本書也同樣受歡迎，要是下一本書不受歡迎，你就會受苦；如果你是製片，成功製作出廣受讚賞的電影，你就會非常希望下一部電影也會很受歡迎，要是下一部電影沒有成功，你就會受苦。同樣的道理也適用於政治界、商業界、體育界，以及其他也把成功看得很重的專業領域上。這種現象讓我獲益良多，我認爲最重要的就是要對自己的作品有信心，而且站在理解與慈悲的觀點來看，也確定自己在創造作品時已經發揮了最大的能力。也許一百年後，會有一個人或一群人認同你的作品，你不需要在此時此處獲得認同，若能看清這點，就不用受苦了。

我認爲一件傑作應蘊含觀照、理解、慈悲。我在寫詩或短篇故事時，最在意的就是自己有沒有發揮最大的能力。人們認不認同、作品成不成功，對我而言都無關緊要，最重要的就是我已經發揮了最大的能力。我十分在意作品能否呈現出我的觀照與慈悲。

若你的心中充滿理解與慈悲，就能精力充沛地工作，活力十足，積極進取，而所創作出的作品、電影、故事、小說、詩詞也會傳達出這份覺醒之心。如果你知道自己的作品蘊含著理解與慈悲，你就會擁有很大的滿足感，即使人們沒有熱切購買，你也完全不會感到沮喪，因爲你深知自己作品的價值。如果你的作品是眞正的藝術傑作，蘊含著覺醒、理解、慈悲的力量，你知道遲早會有人看見此作品的價值，並從作品中獲益。

梵谷在世時，畫作從未受到重視，但這並不表示梵谷畫作的價值不高。我的著作《你可以不生氣》，光在南韓就賣了一百萬本，算是暢銷書。前一陣子，我出版了一本小書，書名爲《接觸大地》（*Touching the Earth*），只印行了兩、三千本，我並不急著想賣出一百萬本，我知道有一些出家眾和在家眾用這本小書修行及轉化痛苦，我知道這本小書可以讓後代的修行者獲益。我不需要這本小書成爲暢銷書，我只需要相信這是一本好書，是一本修行的好指南，這樣就已經完全滿足我了。我的快樂不是來自於受歡迎，不是來自於別人的認同，我的快樂操之在己。如果能回歸當下，以正念、專注、觀照的方式生活，就沒有理由擔心未來，就能擁有寧靜。

成功不是光靠天賦，而是由許多因素促成的。即使你是最有天賦的人，即使你有眞正的洞見，但若時機未到，還是無法成功。因此，只要盡己所能，等條件齊備之後，自然就能成功。不過，人無法確定自己將來一定能成功，這就是現實。

如果有好的經紀人，成功的機率會比較大。有時候，一本書的暢銷與否，跟書的內容沒有關係，而是要看出版商的行銷手法，所以我的某一本書賣得沒有比另一本好，並不會讓我受苦。我希望讀者能接觸「苦集滅道」四聖諦，以及離苦之道。我寫書的目的並不是爲了獲得名聲、認同、權力或金錢，我沒有私人銀行帳戶，身上從不帶錢，我寫書所賺的錢都用於慈善用途及人道救援計畫，例如幫助第三世界的飢餓兒童。因此，我關切的不是金錢和名聲，而是要滿足我的渴望——服務眾生、幫助眾生的渴望。

佛陀在世時，有許多教誨都沒有受到瞭解和重視。我發現佛陀有許多教誨至今仍尚未被探究實踐，有的教誨是到了我這個世代才開始被瞭解，可是佛陀並未因此而受苦。佛陀說：「我的教誨中有許多是十分難以令人信服的。」他意識到這點，但仍有勇氣繼續教授佛法。

無我的教誨很難理解，佛陀時代更是如此。在佛陀生長的社會中，幾乎人人都是相信自我，也就是相信靈魂。可是，佛陀卻有勇氣教授無我，對抗印度宗教圈及哲學圈的主流觀點。最初跟隨佛陀教誨的人很少，但佛陀並沒有不快樂，因為他心裡知道，眞相會永久流傳。

我們評斷工作成功與否的方式有很多，通常評斷的標準是看賺進多少錢、擁有什麼頭銜，以及別人究竟有多認同我們的成就。然而，如果每天都秉持菩薩心處理工作，在職場工作時能把喜悅帶給自己和別人，就是擁有了成功的職場生活。你已經獲得當下的成功，而當下正是唯一存在的片刻。

8
照顧事業之外

關注工作以外的因素，才能把工作做好。
你的安康，微笑、休息、呼吸以及照顧家庭的能力，
都是工作以外的因素，
但是這些因素對於你的事業發展卻很重要。

萬物相依存，沒有什麼能夠單獨存在

事業若缺乏事業以外的元素，是無法存在的。同事是工作場所的一部分，但他們是人，是事業以外的因素。用來寫字的紙張，是由樹木、陽光、水組成的，還要加上製造過程，才能製造出來，而樹木、陽光、水，以及製造過程，都屬於紙以外的因素。若能看見事業中含有事業以外的因素，就能瞭解相互依存的道理。無一物能單獨存在，一物得倚靠另一物才能生存。

佛陀說：「此生故彼生，此有故彼有。」這句話是在說，無一物能單獨存在，萬物共存相依。這句話也是在說，每一個現象都會影響到其他現象，比方說，左邊和右邊，有右邊就有左邊，移掉了右邊，左邊就無法存在。比方說，把鉛筆的右邊切掉，留下左邊，鉛筆會變短，可是仍有左右之分。又好比花和垃圾，人們認爲花不是垃圾，垃圾不是花，可是把花放個十天，花就會變成垃圾；如果懂得垃圾堆肥的技術，幾個月之後，垃圾會變成花。花和垃圾相互依存。

痛苦和快樂也是同樣的道理。人從過去的經驗中得知痛苦的滋味，在快樂出現時就能認出快樂的存在。因此，快樂和痛苦並非眞的相反或對立，而是彼此相生相成。假設你是保守派的政治人物，你很可能會把自由派政治人物視爲敵人，但正是由於右翼的存在，才讓左翼的存在成爲可能，因此，身爲右翼的你應該會希望左翼長久存在，這樣你才可以存在。

如果你是公司老闆，你的修行就是做好公司老闆的工作。公司老闆的修行就是爲公司帶來福祉，這不僅是爲了員工，也是爲了廠商和顧客。快樂無法單獨存在，繁榮也無法單獨存在。客戶、顧客、業界、員工的福祉，彼此息息相關。

深入觀照一朵花，就會發現花無法單獨存在。望著花，可以看見陽光。要是沒有陽光元素，花就無法再存在，而會瓦解，因爲花就是陽光。雖說陽光是陽光，而不是花，但陽光是組成花的因素之一，此外也是花以外的因素。若繼續深入觀照那朵花，就會看見花裡頭還有其他花以外的因素，比方說雲朵。雖然雲屬於花以外的因素，但沒有雲，花就無法存在。要是你把雲的因素從花的身上抽走，花就會瓦解。土壤和礦物質也是花以外的因素，而花就是由種種花以外的因素組成的，深入觀照後，就會發現，花裡處處非花。把花以外的因素照顧好，就能把花照顧好。

同樣的，事業是由事業以外的因素所組成，必須顧好事業以外的因素，才能把事業顧好。你的安康，你微笑、休息、呼吸的能力，以及你照顧家庭的能力，雖然都是事業以外的因素，但是這些因素對於你的事業發展卻很重要。

相互依存的道理可以應用在職場上。經理及其家庭的安康與否，會影響公司是否安康；公司的安康與否，則會影響員工及其家庭是否安康。萬物相互關聯，把自己照顧好，就是把家庭照顧好；你對員工負責，公司也會因而獲利。

以正念的能量灌溉家庭

許多人爲了在職場上維持競爭力，不得不把大部分時間花在工作上，與家人相處的時間於是變少了。在家庭和事業之間取得平衡，眞是一大挑戰。其實，職場生活是可以不用與家庭生活截然劃分的，比方說，關心家人的職場生活，把家人的困難和成功視爲自己的困難和成功。你可以鼓勵每個人在彼此的工作中找到意義和快樂，用以表示你的支持。若你把另一半的工作視為自己的工作，就再也不會覺得家庭生活和職場生活是截然分開的。在工作時間，人雖是在職場，但也不會覺得真的從家庭生活中缺席了。

我們的家庭生活很重要。沒有家庭，怎能懂得愛的溫暖和溫柔的滋味？怎能懂得被深切關心與瞭解的滋味？我們應該讓家庭像僧團那樣成為修行的處所，正念修行可以改善家庭生活。若沉溺在責怪批評及彼此的習性中，就會失去快樂，甚至連家人也會失去。我們可以學著說慈言愛語與全神傾聽，把更多的喜悅帶給家人。雖然我們和家人住在同一個屋簷下多年，但是我們不應該太斷定彼此是真正相互瞭解的，也不應太過肯定我們懂得如何愛彼此。我們必須學習真正聆聽彼此的聲音，深深體會彼此的痛苦，唯有如此，才能懂得照顧及深愛彼此。

我們可以每天一起修行正念分明地用餐。請和家人共進早餐吧，即使只有短短的十五分鐘，卻是真正全心全意陪伴彼此。我們真正把彼此看進心裡，彼此微笑。我們深知能坐在一起，是何等珍貴，而且也不會浪費掉這段時間。這就是覺知，這就是正念，這就是愛。

若要與家人分享自己的修行經驗，身教遠勝於言教。我們可以正念分明地開車，享受吸氣呼氣，別滿腦子想著過去、未來、工作。遇到紅燈就對紅燈微笑，紅燈是朋友，不是敵人，因為紅燈就表示：「停下來！回到你的呼吸上，享受呼吸。」一天工作結束，打開家門之前，先停下來做三次呼吸，露出微笑，這樣即使一整天忙碌工作，也仍能愉快對待所愛的人。做早餐時，可以把做早餐這件事轉化成愛與快樂的修行。享受做早餐的每一刻，廚房也能變成禪堂，充滿寧靜祥和的氣氛，你可以邀請另一半和孩子一起做早餐。吃早餐時，以寧靜自由的心情享受早餐。刷牙時，能否在這一兩分鐘的時間自由喜悅地刷牙呢？午餐後，坐下來喝茶或咖啡時，請以寧靜自由的心情，深深享受這段時光，全心全意喝茶或咖啡。有了正念與喜悅的能量，就能立基於當下，每一刻都過得深刻。

你用這種方式生活幾天後，心情會更加祥和喜悅，另一半可能會問：「親愛的，你是怎麼做到的？」此時，你就可以和另一半分享這個修行方式。不要試圖把自己的修行方法強加在對方身上，只要練習正念分明地深刻過日子就好，不用拘泥於形式，不用跟別人說你在修行。你還是自然的走路，自然的用餐，只是此時多抱持了正念的態度。你的寧靜、踏實、喜悅，自然會影響對方。如果你有朋友或同事懂得這種修行法，可以請對方在週末時或花半天的時間跟你一起練習，因爲我們需要修行團體的支持。

正念工作的益處

你也可以在無形中將內在的寧靜傳達給職場同事。跟同事開會時，你說話、聆聽、微笑的方式，以及整體的溝通能力，都會對同事造成影響。懂得竅門的話，還能成功把修行之道帶到家中和職場上。

把職場變成修行場所是有可能的。職場也是一種家庭，一種團體。我們必須照顧好職場，這樣即使是工作時間，也能從寧靜、安穩、自由的能量中獲益。有的人能夠運用正念走路、深層放鬆、寧靜溝通的修行法，把正念修行帶到職場生活。我們從一間會議室走到另一間會議室的途中，從一棟建物走向另一棟建物的路上，可以專注呼吸，覺察到所踏出的每一步。我們可以放鬆身心，享受每一刻，不受困於擔憂和緊張的情緒裡。這就是正念走路，就是快樂安處當下。然後，等到達目的地時，內心就會更清新、更平靜。

我之前以政界代表爲對象，辦了正念禪修營。某位國會議員在參加禪修營之後，寫了一封信跟我說，他改變了工作時的走路方式。他後來一直都在練習步行禪，走路時完全停止思考。他的辦事處很忙碌，他必須回答許多問題，處理許多事情。他眞正能停止思考、好好休息的唯一時間，就是從辦事處走到議院投票的這段步行時間，此時他的心思完全專注在呼吸和步伐上，什麼事都不想。他說，步行禪幫助他度過了忙碌的議員生活。

我們跟同事開會時，可以練習正念說話和正念聆聽，只要注意呼吸、心靈平靜即可。由於憤怒、困惑或恐懼的能量並未困住我們，所以我們和別人之間的溝通會更成功。

有的工作場所每天都有休息時間。撥出時間休息或深層放鬆，其實有助於提升工作生產力及成效。若能放鬆，就能恢復良好的狀態。我們可以回歸自身，解除所有的緊張和擔憂。工作場所可設立一間特別的房間，讓員工可以躺下來休息十或二十分鐘。即使是坐著，也可以練習深層放鬆。我的歐美學生當中，就有許多人把電腦設定成每隔十五分鐘就會響起鐘聲，以便練習停下手邊的工作。他們聽見鐘聲後就放下手邊的事情，做三至四次呼吸。這個動作很簡單，卻有療癒滋養的效果。

正念可以改善職場生活的品質，我們的工作應該要有意義，這對整體生活的品質很重要。有的工作方式可以減輕痛苦並有益於自己和別人，有的工作方式則會增加每天的壓力及痛苦。世上確實有競爭的情況存在，也確實有人們正在追逐更多的金錢、更高的名聲、更大的消費，但這些是有可能停止的，我們可以看清它們能否帶來真正的快樂，是否能帶我們脫離痛苦。我們必須好好思考，如何能讓職場生活更快樂、更寧靜、更慈悲。我們必須和同事友人思考這個問題，找到能改變情況的明確具體方法。我們需要僧團的支持，或者說是需要一群修行正念的友人支持。我們需要有智慧的朋友支持我們、指引我們，幫助我們踏上寧靜、快樂、解脫的道路。

你也要照顧到顧客的安康，可不能把什麼都賣給顧客，所販售的產品不得戕害顧客的身體或意識。正確的攝取，或說正念攝取，才能匡正我們在社會中所製造的亂象，攝取錯誤的東西將會造成人們死亡。如果你製造或販售的東西會戕害他人的身心，就等於是在毀滅自己，毀滅公司。用這種方式賺錢會邁向自我毀滅，而這就是相互依存的內觀。

人類對環境的影響也是同樣的道理。愛與責任可以當作事業的動機，有了愛作爲動機，並不會降低企業的競爭力，反而會使獲利提高，還能讓你擁有友誼與快樂。有了愛，就有能力按照五大正念訓練（包括保護生命在內）的原則生活。如果滿腦子只想著增加收入而造成環境受損，就表示沒有愛，也傷害了其他生物。若意識到自己正在破壞環境，這件事就會成爲心裡的罣礙，無法安心自在。即使賺了很多錢，這份不自在的感覺還是會與日遽增，最後便不再快樂，晚上也睡不好。若能覺察自己所造成的傷害，就會有勇氣改變生活，保護生命。動機若是出自於愛，就能輕鬆避免傷害別人、損害環境。

你是自由的

正確的生活方式就是擁有一份能傳達慈悲與正念的工作。即使從事的事業賺進大量金錢，但若有損環境或別人，就必須立刻告訴自己：「我事業裡的愛不夠，不能再繼續這樣下去，我必須改變，這樣才能保護環境，保護生命。」有的企業已經這麼做了，其中一家就是巴塔哥尼亞公司（這家充滿慈悲的公司故事載於附錄B）。做生意時若眞能秉持愛的精神，就永遠不會有罪惡感，將來也不用爲了罪惡感而付出高昂的代價。

我們的內心總是會有掙扎，所以必須一直捫心自問：「我們的目標是什麼？」我們的目標是快樂，而愛是快樂的基本元素。有了快樂，就不會想損害其他生物的生命。有的人會認爲人類比其他生物及生命形式更優越，這種想法必須重新檢視。人類是由人類以外的元素組成的，而且跟其他生物比起來，人類出現在地球的時間也非常晚。保護其他生物的生命，就是在保護人類的生命；保護人類以外的因素，就是在保護人類。

有的人在競爭時殘酷無情，不擇手段，無視企業道德；如果我們不謹愼，可能會以爲必須跟隨這些人的腳步，但我們可以選擇另一條道路——愛的道路。其實，愛可以與成功並駕齊驅，愛可以讓我們比那些動機僅出於利益的人更加成功。我們看見人們被貪婪吞沒時，應該要慈悲地看待他們，因爲他們追求金錢和名聲時並不快樂。我們可以有技巧地幫助他們，最好的方式就是讓他們看見我們的做法：我們保護及關愛人類和環境，在幫助別人的同時還能獲得成功，這樣就可以幫助他們改變。唯有仰仗愛的力量，才能幫助人類跟其他生物、環境、地球之間建立良好的關係。

有一天，佛陀和弟子坐在樹林裡，他們安靜吃完午餐，準備要開始探討佛法。此時，有位農夫急急忙忙跑過來，帶著痛苦的表情說：「師父，你們有沒有看見我的牛經過這裡？」佛陀說：「沒有，我們沒看見牛經過這裡。」農夫說：「師父，我好痛苦，我只有十二頭牛，不知道爲什麼，今天早上牠們全跑了。還不只這樣，我有十二英畝的芝麻草，今年全被蟲子吃光了。我想我就要死了，沒有牛，沒有芝麻籽，我該怎麼活下去？」佛陀慈悲的望向他，開口說：「朋友，抱歉，我們沒有看見牛經過這裡，你可能要往別的方向找。」農夫離開之後，佛陀轉身面對弟子，深深凝視著弟子，然後微笑說：「親愛的朋友，你們知不知道自己很幸運？你們沒有牛可以失去。」

有了牛卻又受苦，就是因爲會害怕失去牛，各行各業的人都必須學著別把工作看成不可或缺的牛，這是很重要的修行。你必須放下牛，不受牛的牽絆。佛陀沒有牛，所以永遠不怕會失去牛。佛陀受頻婆娑羅王賞賜竹林精舍，作爲佛陀和弟子修法之處（竹林精舍迄今仍屹立在印度境內）。頻婆娑羅王把這份禮物獻給佛陀時，在佛陀的手上灑了一點水，宣布：「大師，竹林精舍是您的了，給您和弟子使用。」佛陀接受賞賜時安靜不語。

萬一下一任國王想要收回竹林精舍呢？佛陀根本不會因此受苦，他不需要竹林精舍也能活下來。他和弟子待在其他地方，比方說棕櫚樹林或森林裡，也會很開心。他們每天需要的就只是能坐在樹下而已。佛陀雖有竹林精舍，卻沒有把精舍看成是他的牛。無論有沒有精舍，他都是佛陀，自由又快樂。

在梅村，我們和數百人一起生活。梅村分成四區，分別是上村、下村、新村、中村。我們練習不把這四區看成是我們的牛，日後若基於某種原因必須關閉梅村，我們也能在其他地方修行，保有我們的快樂。

商人、政治人物、藝術家、家長，以及我們所有人的修行，都要學著別把自己的工作看成是牛。你雖是在公司、在組織裡工作，但你是自由之身，而不是工作或牛的奴隸。你之所以工作，只是爲了促進許多人的福祉，包括你自己的福祉在內。

禪宗常講一則男人騎快馬的故事。這人的朋友站在路邊大喊：「你要去哪裡？」馬背上的男人轉身說：「我不知道，問馬吧！」控制方向的不是人，而是馬，馬想帶人去哪裡就去哪裡，這就是許多人所處的情況。我們的事業好比那匹馬，騎馬的人沒有力量讓馬停下來。

許多人就像似騎在不受駕馭的快馬上工作，我們需要有如大家庭的職場來拯救我們。修持正念就等於是在投資自己，一旦開始投資自己，就能開始減輕周遭人的痛苦，並把他們的安康當成是另一項好的投資。要在別人身上投資時間和心力，首先必須做個自由人，若你是被自己的事業和見解所控制的奴隸，就做不到這點。你是夠聰明的，知道必須把時間用在自己、團體和家人身上，但如果握韁繩的是你的工作，你就辦不到。

讓團體協助你駕馭野馬般的心

我們都需要朋友、修行同伴和老師，才能夠堅定的修行。你們三、四個人聚在一起就構成了團體，就足以堅強到營造出一種氛圍，對抗事業的專制。雖然你的眼光也許明亮，但一個人的眼光終究不如團體的眼光看得深遠，而這種團體的眼光就名為「僧團之眼」。當我們結合了彼此的聰明、專注、智慧，使用僧團之眼去看現實，所覺察出的實相會比個人更多。

許多人無論身在何處，都會自然而然想著工作上的事情，即使沒有上班，還是會因為憂慮而滿腦子想著該不該趕緊打一通工作上的電話。我們把好多時間都浪費在想著、談著憂慮的事情，就算心裡很明白擔心無法改善情況，但還是繼續想、繼續談。越是講著擔心的事情，就越是擔心；越是擔心，就越是想要講。

我們虛擲了上天賜給我們的生命。時間很寶貴，有人說時間就是金錢，但其實時間比金錢寶貴多了。時間就是生命，上天賜予人每天二十四小時的生活，不是只給人用來賺錢的，所以我們必須組織眾人之力，對抗不停往前跑的衝力。

要是沒有僧團，沒有一群受著同樣的苦而想透過正念改變情況的人們，就無法阻止馬往前奔跑。無論你有多聰明、多堅持，光靠自己一個人是無法馴服快馬的。習性的能量比你的力量還要強大，所以你需要有僧團的支持。

在商界工作的人需要團體（僧團）的支持，以便落實學到的道理（佛法）。要是沒有那些處在同樣情況的人支持你，修行就會變得很困難，甚至不可能修行。處於相同情況、有類似困難的商業人士，可以五、六、七人聚在一起，支持彼此修行正念。

若能在家庭生活和職場生活中獲得滋養，就不會有衝突，不會覺得自己被迫去做更多事情、被迫去競爭，因爲我們已經嚐到了何謂眞正的快樂和喜悅，不用再汲汲營營追逐下去了。對現況感到快樂需要深厚的修行，而這絕大部分取決於看待事情的方式，以及如何運用相聚的時間。

大多數的人對工作都有一份責任感，但若只專注於工作，就等於是只專注於現實的一部分，無法好好因應當下的整體情況。我們必須有能力因應當下的一切，學著如何專注的對待自己、家人、事業上要負責的對象。我們需要有東西提醒自己停止思考，回到正念呼吸。

在梅村，無論原本是在做事、思考、還是說話，只要鐘聲一響，大家就會停下來，回到吸氣和呼氣上。「吸氣，我獲得平靜；呼氣，我露出微笑。」「吸氣，我擁有活力；呼氣，我對生命微笑。」吸氣和呼氣至少各做三次。梅村有許多鐘聲，方便我們練習呼吸。

不只可以利用實際的鐘聲做練習，電話響的時候，也是在給我們機會回歸到吸氣與呼氣，並停止思考、說話、移動。想想看，要是在工作時做呼吸練習該有多好！每次手機或公司電話響的時候，就可以正念分明地做一次深呼吸，然後再接起電話。即使電話一通又一通響個不停，這種呼吸練習也不會浪費時間。

在梅村，我們享受著呼吸和微笑的喜悅，這已經是在修行慈愛。鐘聲每隔十五分鐘響起時，我們就會練習呼吸及微笑。無論是在廚房，還是在餐廳，只要聽見鐘聲，就是聽見了心中佛陀的聲音，提醒我們回歸當下，邀請我們深刻觸及生活。在梅村，很容易就能練習，因爲人人都在練習，沒有人例外，不練習的話才是奇怪。梅村期待每個人都和大家一起練習，以便獲得僧團的能量支持，而每個人在練習中所產生的能量也讓僧團（修行團體）的練習獲得支持。

利用「非工作日」練習正念修行

你可以和同事進行「非工作日」的練習，這個名詞的意思並不是要反對工作，「非工作日」有益於生活的每一個面向，包括工作在內，只是不讓憂慮和恐懼干預這一天。我們在非工作日遠離憂慮和恐懼，這個練習可以自己一個人做，用來強化自身的正念，也可以幾個人聚在一起，安排一天的非工作日，把心力投注於自身的安康。這項練習可視爲研究開發的一部分，我們必須深入觀照，找出增加安穩與快樂的方式，日後就能奠定公司的福祉與穩定。

在猶太教與基督教的傳統中，這樣的日子名叫安息日。在佛教，則名叫布薩日。信奉佛教的每一位僧人和在家眾都會慶祝布薩日，在布薩日誦念五大正念訓練的內容，團聚一堂，享受在場每個人的陪伴。在佛陀時代，每個月有四天布薩日。

不需要全體工作人員都出席，只要四、五個人聚在一起，練習把生活的每一刻過得深刻，專注接受所需的滋養與療癒，就是強大的正念修行。四、五個人聚在一起練習正念呼吸和走路時，擁抱自身的困難與痛苦，加以轉化，便是練習正念之日。你可以安排一天或半天的時間進行正念練習，全神專注於自身、家人和工作。

有時間的話，可以把「非工作日」變成爲期數日或一週之久的「非工作靜修營」。不過，即使只有一天，也能獲得很大的改變。這類爲期一天的靜修營或非工作日，可稱爲正念日。許多企業採用這個觀念，會在每季或每半年舉辦活動。某家出版社每年至少會舉辦四次健行活動，某家電影製片公司每個月都會辦一次活動，天晴時去海邊散步，下雨時就去溜冰。你們可以三、四個人聚在一起，安排一天做正念練習。在這一天，你可以訓練自己把生活的每一刻過得深刻，別讓工作吞沒了你。在這一天，你可以遠離憂慮，不再投入於未來。雖然只有遠離工作一天，但卻能完全地改變工作方式。

非工作日建議活動：

- 到森林、海邊或公園散步
- 到山區度過週末，可健行及悠閒的散步
- 參觀與你工作無關的工廠
- 騎馬
- 賞鯨，或者搭船或渡輪遊覽風光
- 衝浪

- 雪地健行或越野滑雪
- 在小路上或安靜的街道裡騎腳踏車
- 打桌球、保齡球或撞球
- 參觀博物館
- 到公園野餐
- 參觀自然保護區或植物園

非工作日可以讓人重視每件事情都有專屬的時間，有用餐的時間，有替花園澆水的時間，有討論工作的時間。因此，到了用餐時間，就練習只專心享受餐點，享受當下，百分之百投入在用餐上，否則就是在以不好的態度對待食物和共同用餐的人。這個道理很容易懂，吃東西時就享受吃東西的過程，完全投入在食物及共同用餐者身上，這就是生活的藝術，而且也令人愉快。

以花時間跟孩子相處爲例，你需要這段時間跟孩子相處，孩子也需要這段時間跟你相處。和孩子相處的這段時間，應該專注於孩子和自己身上。要拋開工作，拋開未來，拋開過去。

我們需要訓練，才能嫻熟當下正念分明地過生活。每件事情都有專屬的時間，這是普世皆然的智慧，並非專屬於佛教。你要百分之百投入當下正在做的事情。有時，你必須討論工作和商業策略，此時就全心投入，練習看清工作的本質和困難。若能專注正念地用餐，專注正念地與孩子相處，那麼到了該工作的時候，就能看清手邊要處理的事務，生產力也會提高。

我是作家，撰寫故事、散文、書籍、詩。有時候我不寫作，但這並不表示我的內心停止寫作。我在替蔬菜澆水時，就只是在替蔬菜澆水。我喜歡替菜園澆水，那時心裡沒想著詩，也沒想著短篇小說，不過我知道內心的某個角落，短篇小說正在成形。我要是不栽培萵苣，就寫不了詩。

所以，栽培萵苣時必須百分之百投入，深深享受栽培萵苣的工作，然後，到了寫詩的時候，詩也就寫得好了。開始寫下詩句的那一刻，並不完全是創作成形的那一刻。練習正念分明地走路、呼吸、種植萵苣的時候，腦子裡根本沒想著詩，但詩其實已經成形。詩或任何的藝術作品，在你尚未萌發創作念頭時，就已經在意識的深處中成形。你寫下或表達詩句的那一刻，只是完成的那一刻，好比母親生孩子，在孩子誕生之前、在藝術作品出現之前，就已經發生了許多事，因此，必須要有時間讓心中的孩子成長。同樣的道理也可以用在事業和未來的規劃上。把當下做的事情做好，等到要做其他事情時，就能帶著極大的專注與觀照，把其他事情做好。

享受靜默

學習珍惜沉默與無爲的時間，這對生產力的提升以及專注與觀照的萌發是很重要的。有一位商人曾對我說：「跟人交談，要是有安靜下來的時候，我會覺得很不自在，總是想說點什麼來打破沉默。我該怎麼做呢？」在梅村，沉默是珍貴的，我們稱之爲「止語」，非常珍惜它。沉默比黃金還要珍貴，沉默勝於言語。你靜默安坐，人格的光彩畢露，散發寧靜喜悅，這就是無爲。你只要坐在那裡，孩子們就會過來坐在你身邊。沉默很重要，讓可能性發生，幫助生活可如是如實。我們必須重新訓練自己享受沉默。

兩個朋友坐在一起喝茶，或許半小時沉默不語，卻不會感到空虛。有一年我在普林斯頓大學過冬，常去拜訪住在校園附近的一位老先生，他名叫艾森哈特，是位數學家，也是愛因斯坦的朋友。每次我登門拜訪時，通常是夜裡，他會替我開門，帶我坐在壁爐附近。然後，他的妻子會端來一杯茶，而我和他就只是坐著度過一小時，他沒說話，我也沒說話，最後，我向他鞠躬，隨後返家。

這種經驗發生了好多次。我事先就知道，無論何時登門拜訪，同樣的事都會一再發生。然而，我總是登門拜訪，因為這個經驗很好，也十分有益。我們必須學著如何沉默，而這也是佛陀的教誨，沉默可以比說話更能帶來親密感，沉默會讓你的行為舉止更加深刻，更有成效。

從自己的房間走向禪堂時，走路的方式要讓每一步都生出寧靜喜悅。用這種方式走路，就是活著。心無罣礙地喝茶，就是活著的藝術。望著對方時，把自己的理解和慈悲傳達給對方，這就是無爲，就是快樂。我們可以經由自己的日常生活方式，帶給人們快樂。

當我們成爲沙彌或沙彌尼時，我們的修行就是成爲快樂的沙彌（尼）。獲得快樂不用等到成爲大僧。如果以爲要變成大僧才會快樂，就是犧牲了沙彌（尼）的生活。其實，做沙彌的時候，事情比較少，可以更爲享受，當師兄反而要打理一堆事情。做學生也是同樣的道理，得到快樂不用等到獲得學位。如果你是公司裡的低階經理，獲得快樂不用等到爬到執行長的位置。你要從事的修行，就是能在當下現況感受到快樂。有了這層理解，就能完全接納自己，不覺得有必要變成重要的人，因爲你已經是重要的人了。

某天，我和一位小沙彌一起喝茶，我對他說：「孩子，你希望我立刻成佛嗎？」你猜他怎麼說？他說：「不要，我希望你這樣就好，我覺得這樣夠好了！」

我按照自己的步調，我想要做自己，不否認當下的自己，這就是「無目的」之修行。別在前頭立一個目標不斷追逐，否則就會終其一生追逐，永遠也不快樂；唯有停止追逐，珍惜當下，珍惜原本的自己，才能獲得快樂。你原本的樣貌就已經美好，你不用變成別人，你就是生命的奇蹟。

9

激發集體的覺醒

每個人都可以參與覺醒的工作，幫助社會啓蒙覺醒。
覺醒就是每個人的任務，
只要利用良好的方法，就可以極大地促進共同覺醒，
而共同覺醒正是所有改變的基礎。

跳脫集體意識的支配

即使你培養了信仰、精進、正念、專注、觀照這五大力量，但若以為只憑一己之力就能培養這些力量，你的力量仍會是微弱的。相互依存的觀照所教導我們的，就是唯有認清並喚醒集體意識，才能運用集體力量的全力。

有個體意識，也有集體意識。人的意識包含了自己過去的行為，以及家庭與社會過去的行為所種下的全部種子。每天，我們的思緒、言語、行為流入意識之海，構成我們的身體、心靈和世界。個體意識是由集體意識所構成，而集體意識又是由個體意識所構成，彼此之間共存共依。

以美的概念為例，你對美的概念並非只源於自己，你認為某個事物是美的，是因為許多人都這麼認為，而你是受到集體意識的影響。比方說流行，你因為別人說某種款式的衣服很流行，而想要買那種款式的衣服。如果多數人都認為某個東西漂亮，你就同意那個東西漂亮。你去參觀畫廊，發現有幾幅畫根本一點都不美，但所有參觀畫展的人都對那些畫大加讚揚，所以你也就假裝認為那些畫很美。你試著把它們看作是美，接著，由於集體意識使然，你也就眞的把它們看作是美的了。美與醜，就像許多價值觀一樣，都是集體意識創造出來的。

當恐懼成爲集體意識、當憤怒成爲集體意識時，就會具有壓倒性的力量，這樣是極爲危險的，所以必須選擇生活在集體意識健全清晰的環境中。人很容易受到集體想法所左右。

二〇〇四年，即便伊拉克政府與蓋達組織之間並無關聯，但美國仍有百分之八十的人認爲伊拉克戰爭是爲了因應二〇〇一年的九一一攻擊事件；二〇〇四年九月，英國僅有百分之三十五的人認爲伊拉克戰爭是正確的選擇。美國人應該開放心胸，接納印度人、亞洲人、非洲人、阿拉伯人、拉丁美洲人的觀點，必須聆聽別人的聲音，瞭解別人的想法，瞭解別人對局勢的理解，而不能把自己鎖在一個觀點、一個見解裡。大眾媒體和軍事產業共同建造了一間牢籠，讓我們繼續用同一種方式思考、看待和行動。因此，每一個人都要藉由個體與集體的方式，從觀點、恐懼、暴力所創造的牢籠中掙脫出來。

無論是藝術家、老師、政治人物或商人，都能影響別人，創造美。你應該要有自己的洞見，讓心田中眞、善、美的種子萌芽，表達自己時也以眞理爲念。即使多數人沒有看見你的眞理，你也會有足夠的勇氣繼續表達眞理。而看見眞理、獲得覺醒的少數人，是可以扭轉整個局勢的。正如集體意識創造及影響個體意識，個體意識也可以反過來影響及創造集體意識。

我們或許清楚知道，自己的國家需要改變，但我們需要有勇氣表達意見，即使多數人的意見與我們不同，也要表達自己。我們應該獲得所愛的人及同事的支持及贊同，因爲唯有集體覺醒，才能改變方向。個體與小團體可以激發意識的改變，即使我們是少數，只要相信自己的洞見能引領大家走出困境，就應該要有勇氣說出來。

有許多方式可以成功表達意見，而且這些意見不僅是個體的意見而已，因爲可能會有一些人擁有清明的思考，只是沒有機會表達。因此，務必要對那些與你擁有相同洞見的人表達支持。請說出你的意見，加入行列。在眾人團結一心之下，就能有力地表達關切並獲得成效。唯有集體覺醒，才能改變局勢。

越戰期間，我差點被美國士兵射殺，他以爲我是僞裝的游擊隊員。美國士兵在抵達越南之前，上級指示，任何人都有可能是共產黨游擊隊員，連佛教僧侶也不例外。當時我保持冷靜，平息了那位士兵的恐懼。我的僧團和我學著看見共產黨和反共派系的痛苦，也學著看見美國士兵的痛苦，那些士兵遠離家園，被送上戰場，不是殺人就是被殺。當時我秉持理解和慈悲的精神，因此不受憎恨所束縛，而有許多人也因爲修持理解和慈悲而在戰爭中存活下來。

我在越南經歷過數次戰爭，這些經驗使我堅定的相信，恐怖主義不能用武力清除，全神傾聽的力量比炸彈更爲強大。恐怖主義因錯誤的看法而起，恐怖份子對自己有錯誤的看法，對我們也有錯誤的看法，所以才會想要摧毀並懲罰我們。如果我們知道恐怖份子的思考模式，瞭解他們看待事情的方式，就可以幫助他們淨除錯誤的看法。淨除錯誤的看法是轉化暴力恐怖及促進和平的根本所在。

我們必須聆聽歐亞政治領袖的聲音，因爲我們的感覺和想法可能是由許多錯誤的看法所構成。我們不應該太過於確信自己的看法，因爲錯誤的看法會導致衝突、痛苦和戰爭。當今的美國人因執著於自身的看法而孤掌難鳴，其實他們需要聆聽亞洲人、歐洲人、非洲人、每一個人的聲音。若能清除自己的錯誤看法，並幫助別人也這麼做，就能清除恐怖主義。沒有別的方法了，對恐怖主義宣戰顯然無法消滅恐怖主義的力量，反而會在美國境內及境外創造更多的仇恨和恐懼。現在的美國比二〇〇一年還要脆弱，對恐怖主義宣戰逼得我們不得不懷疑別人會不會是恐怖份子。搭飛機時會受到檢查搜索，他們找的不是你心中的佛陀特質，而是你的恐怖份子特質。

每個人都可以參與覺醒的工作，幫助社會啓蒙覺醒。覺醒就是每個人的任務，只要利用良好的方法，就可以極大地促進共同的覺醒，而共同的覺醒正是所有改變的基礎。你可以讓人們知道，懷抱慈悲心全神傾聽以及慈言愛語，是清除錯誤看法的唯一途徑。

可惜政治人物不習於此，而集體的觀念也認爲金錢和軍事力量是我們握有的唯二力量，但我們其實是擁有其他力量的。美國擁有理解與慈悲的力量，只要選擇運用這兩種力量即可。美國境內也有許多人擁有內觀、理解和慈悲，若能聚在一起大聲說出關切並傳達觀點，就能克服眼前艱困的時刻。我們要走的路是和平之路，我認爲沒有通往和平的道路，因爲和平本身就是道路，必須運用和平的方法，才能獲得和平。

美國對待世界，不能每一件事都親力親爲。美國雖是世界上最強大的國家，但在這個由眾多國家所組成的世界中，卻是唯一的成員。美國必須要讓他國擔起背負世界的責任，而不需要事必躬親。美國必須把心力投注在聯合國，並讓其他國家共同把聯合國建立成眞正的和平組織，擁有充分的權威和力量。

灌溉心中的善種子

如果把暴力視爲一種疾病，則可運用全神傾聽的方法加以治療，光靠金錢並無法治療家庭與學校裡的暴力疾病。如果國會議員深入觀察，就會發現家庭裡高張的暴力與美國的外交政策是有關聯的。當我們心中有暴力，就很容易對別人施加暴力，或寬恕自己對別人所施加的暴力；當我們心中有戰爭，就很容易向別人開戰。伴侶、家庭、國家，都是同樣的道理。

何不制定一條法律，讓家長有機會每年都去參加工作坊或禪修營？一年有七天的時間學習如何照顧彼此，學習如何恢復溝通、彼此理解、相互關愛。何不讓學校教師每年去一趟支薪的禪修營，讓他們學習如何轉化自身的痛苦，並瞭解學生的痛苦。

參與這種和平教育後，就能幫助兒童培養五大心靈力量。學校教師及家長可以教導孩子及學生滋養五大心靈力量。請現在就開始吧！不久，新一代的人就會瞭解，若要獲得眞正的快樂，眞正需要的是哪種力量。我們應該替家長和學校教師安排正念禪修營，請他們爲下一代著想，開始實施這種教育。

以前，在泰國和其他佛教國家，年輕人都要待在寺廟一年接受心靈教育，別國的年輕人是義務服兵役，他們則是要義務接受心靈教育。即使貴爲王子，在登基前也要待在寺廟一年。這件事情多麼美好啊！然而，現在待在寺廟的時間已經縮短成一個月或數週，時間不夠久。我的夢想就是設立和平機構，年輕人可以在婚前接受教育訓練，瞭解如何運用具體方法，在家庭中創造快樂寧靜。夫妻快樂，小孩也會快樂。

如果我們本身尚未培養這些心靈力量，就無法幫助孩子或別人做到這點。我們必須先穿越痛苦之河，才能幫助別人穿越；我們必須先獲得證悟，才能幫助別人獲得證悟。世上大多數人仍活在夢中，不知道自己在做什麼。我們把彼此帶往毀滅之路，卻不自知。證悟對人類的存活與否十分重要。

許多人認爲自己沒有力量，不足以改變周遭局勢，尤以政治局勢爲然。其實我們永遠都能成爲重要的角色，做點事情，促進局勢的改變。政治領袖和我們一樣，心中都有正負面的種子，而且他們周遭的人可能不會灌溉他們心中的好種子，他們的顧問持續灌溉他們心中的恐懼、渴望、憤怒、暴力的種子。我們必須找到方法去接觸政治領袖，幫助他們。抗議也是一種幫助的方法，不過應該有技巧地進行，如此一來，人們就會把這樣的抗議視爲愛的行動，而非看作是攻擊。

然而，現實上，多數人都太忙著處理自己每天碰到的小問題，因而變得冷漠。也許我們是關心的，但因爲太忙著處理自己微不足道的痛苦悲慘，所以沒時間、沒能量去做那些重要的事情。不過，這眞的不需要花很多時間，我們可以秉持愛的精神寫一封信給政治代表，這比寫抗議信函還要難一點。以下是我秉持愛的精神寫給美國總統的信函：

敬愛的總統先生：

昨晚，我夢見哥哥[1]（他兩週前在美國辭世），他跟著他的孩子們一起來見我，對我說：「我們一起回家吧。」我毫不遲疑，喜悅地告訴他：「好，我們走吧。」

今天清晨五點，我從夢中醒來，想及中東局勢，第一次哭了出來。我哭了好久，約一小時之後，我覺得好多了。然後，我去廚房泡茶。泡茶時，我瞭解到一點，我哥哥說的話是眞的，我們的家大到足以容納所有人，就讓我們視彼此爲手足，一起回家吧！

總統先生，我想，如果你可以任由自己像我今晨那樣哭泣，你也會覺得舒坦多了。我們在那裡所殺害的，是我們的手足。他們是我們的手足，上帝這般告訴我們，而我們心裡也明白。他們也許出於憤怒、誤解、分別心，並未視我們爲手足，但我們若能稍微覺醒，就能以不同的方式看待事物，以不同的方式因應局勢。我深信你心中有上帝的存在，我深信你心中有佛陀的本性。

感謝您閱讀本函。

心存感激與同胞愛　一行禪師　筆於梅村

❶譯者注：英文為brother，也可能是弟弟。

Plum Village
Le Pey 24240 Thénac
France

8.8.06

Honorable George W. Bush
The White House
Washington D.C., U.S.A.

Dear Mr. President,

Last night, I saw my brother (who died two weeks ago in the U.S.A.) coming back to me in a dream. He was with all his children. He told me, "Let's go home together." After a millisecond of hesitation, I told him joyfully, "OK; let's go."

Waking up from that dream at 5 am this morning, I thought of the situation in the Middle East; and for the first time, I was able to cry. I cried for a long time, and I felt much better after about one hour. Then I went to the kitchen and made some tea. While making tea, I realized that what my brother had said is true: our home is large enough for all of us. Let us go home as brothers and sisters.

Mr. President, I think that if you could allow yourself to cry like I did this morning, you will also feel much better. It is our brothers that we kill over there. They are our brothers, God tells us so, and we also know it. They may not see us as brothers because of their anger, their misunderstanding, their discrimination. But with some awakening, we can see things in a different way, and this will allow us to respond differently to the situation. I trust God in you, I trust the Buddha nature in you. Thank you for reading.

In gratitude and
with brotherhood

Nhat Hanh

Thich Nhat Hanh
Plum Village

我們正念分明地生活，在工作中傳達自己的創意和智慧，就能促進人民的集體覺醒，然後眾人之力還能強大到足以影響政治領袖。我們必須扶持領袖，幫助他們更加看清局勢：他們目前的行動方針造成許多毀滅和損害，對恐怖主義宣戰也製造了更多的仇恨、更多的恐怖、更多的恐怖份子。我們可以告訴人們，暴力不能解決問題，唯有慈悲傾聽及溫柔言語才能清除錯誤的看法，而錯誤的看法正是仇恨與暴力的根基。

我們需要控制自己的無力感，不要被絕望淹沒。我們確實是有力量的，應該要懂得運用這股力量促成改變。我們必須組織起來，因爲開放的心胸與慈愛的言語可以創造奇蹟。每一位家長、老師、商人、藝術家都可以做點事情，激發共同覺醒。每個人都有責任，局勢太過重要，不能光靠政治人物。沒有共同覺醒，就無法成就事情。覺醒是每種改變的根基，每一個人都必須坐下來深入觀照，看看自己今天能扮演什麼角色，能做些什麼。

是該與大地和解了

二〇〇六年九月，我受邀在聯合國教科文組織（UNESCO）發表演講。我建議聯合國教科文組織在全球各地定期舉辦「無車日」，教育人們瞭解目前環境所發生的一切。所有位於北美、歐洲、越南境內的梅村修行中心，早已開始實施每週一天的無車日。我們會事先把事情安排好，無車日那天就不用開車去別的地方。全球各地已經有許多人落實無車日，我們的目標就是減少開車行爲達百分之五十。人們已經開始駕駛以植物油爲動力的車子，不增加大氣裡的二氧化碳含量，並定期舉辦無電日。我們也親身參與並鼓勵別人參與每年九月二十二日的世界無車日（如欲詳細瞭解並響應，請造訪我們的網站 www.car-free-days.org 和 www.wordcarfree.net/wcfd）。光談論危機是不夠的，我們必須實際付諸行動，並邀請別人一起加入。

人們有時會問我，人類對大地之母造成這麼多傷害，究竟該如何與大地之母和解。我們可以藉由步行禪的練習，與大地之母和解。我們所踏出的每一步，都是在用雙腳和大地親吻，我們懷抱著愛，並承諾會停止目前摧毀大地之母的做法。要是繼續傷害大地，人類文明無庸置疑地會被毀滅。這樣的改變需要證悟，需要覺醒。當初佛陀獲得個體的覺醒，而現在我們需要的是集體證悟，才能停止邁向毀滅。要是繼續沉溺在追逐權力、名聲、性愛、利益的競爭中，文明終將走向滅亡。

有一天我靜坐禪修，沉思著全球暖化、東南亞海嘯、氣候變遷等問題。我有些苦惱，便對大自然問了一個問題：「大自然，你認爲我們可以仰賴你嗎？」我之所以提出這個問題，是因爲我知道大自然很有智慧，對於恢復平衡自有因應之道，有時甚至不惜訴諸暴力。我聽見大自然回問：「我可以仰賴你嗎？」我問的問題又被丟了回來。大自然是否能仰賴人類呢？我做了深長的呼吸之後，說：「可以，你大致上可以仰賴我。」然後，大自然回答：「可以，你也大致上可以仰賴我。」這是我與大自然之間十分深刻的對話。

這不應該只是口頭上的宣言，而應該是每個人深切的承諾，如此一來，大自然才會溫柔地回應。有了集體的內觀，就能與地球和解，療癒地球。每個人都可以在日常生活中付諸一些行動，貢獻一份心力，保障下一代的未來。

漫漫歸鄉路

前一陣子，我在流亡了將近四十年後，與僧團返回越南，親眼目睹集體覺醒的力量之大。我四十歲時來到西方，當時是一九六六年，我踏上美國的土地，呼籲美國停止轟炸越南。美國派遣了五十萬士兵進入越南，戰爭結束時，有超過五萬名士兵遭受殺害或失蹤，數百萬名越南人死於戰爭，越南的土地、森林、水域都遭受污染，被化學毒物摧毀。當時我已經是越南知名的導師與作家，計畫在美國停留三個月做巡迴演講，並呼籲停止戰爭。不過，三個月後，我獲知越南政府不希望我返國，因爲我竟敢呼籲和平！

有很多越南人受了好多苦，也看見了戰爭在周遭所造成的痛苦，所以我們必須發聲。我們被夾在兩個敵對的陣營之間，必須要發聲才行，但我們當中有許多人卻沒有表達意見的管道，收音機、電視、報紙都不報導局勢的眞相。膽敢發聲反對戰爭的人都遭到了逮捕，所以有的人自殘，藉以吸引大家注意越南大眾不想要戰爭的處境，而此時媒體才開始瞭解到，大多數越南人民其實不接受戰爭。因此，我才決定來到西方，把越南這個國家與人民所受的苦難告訴世界。

我在獲知南越政府不希望我返國後，仍繼續留在美國訴求和平，接著前往歐洲、亞洲、澳洲，最後定居在巴黎，設立了修行社區，繼續呼籲和平的工作。

在將近四十年的流亡生活後，我們試圖與越南政府交涉，希望能讓我返回越南。二〇〇五年一月，我終於能回家了。我最初離開越南時，有如細胞離開了身體。僧團有如身體，而僧團裡的每位成員是身體的一顆細胞。不過，我並沒有像細胞那樣乾涸而死，因爲我把整個僧團放在心中。我不是一個人前往西方，而是爲了僧團前往。不久，我開始在西方建立小小的僧團；而今，四十年後，我在西方的僧團已小有規模。

我想要帶僧團一起回到越南，而不是只是一個小細胞回到身體而已。最後，有兩百人跟著我們回到越南。我們想要以眞正的僧團形式出現，顯現愛與理解的修行。我們心裡知道，如果我們的修行踏實、堅強、可靠，就可以轉化越南政府的恐懼和懷疑。

代表團的成員都實踐得很好。在旅館，僧團裡的在家眾會在早晨修行坐禪，只吃素食，不碰酒精，安安靜靜的以僧團的形式集體活動，懷抱著和諧與同胞愛。旅館經理對此留下深刻的印象，並說：「他們把旅館化成禪堂。」

這趟旅程很困難，因爲越南境內的恐懼和懷疑是如此之深。西貢戰犯博物館原先展示我的相片和眞空比丘尼的相片；眞空在過去五十年來擔任我的助手。在我抵達越南以前，博物館因爲有人抗議的緣故，撤下了我的相片。不過，在爲期三個月的參訪期間，眞空比丘尼的相片仍在博物館內展示。

在我將近四十年的流亡期間，我的著作在越南境內被共產黨和反共政權所禁止，因爲我的著作中推廣和平及同胞愛，而兩方政府認爲這樣很危險。我們與政府達成協議，在我抵達越南之前，越南政府會出版我的十二本著作，但當我眞正抵達越南時，卻只出版了四本，由此可見其恐懼之深！

我們花了整整三個月的時間，才讓越南政府開放心胸接納我們。由出家眾和在家眾組成的僧團，對情勢大有助益。人們看見西方人把禪修和修行學好，有所啓發。在多次對談期間，我們眼看著轉變在面前出現。我們清除了人們許多錯誤的看法，而在清除了諸多恐懼和懷疑之後，現在他們比較瞭解我們是誰。要是沒有運用僧團的力量支持彼此，倘若沒有喚起心中耐心、理解、慈悲的種子，我們可能就會憤怒地回應，參訪到一半便憤而離開越南。

在旅途初期，越南政府顯然不希望我們教導並接觸人們，我們心知自己的修行必須穩定牢固才能成功。政府右翼份子百般試圖阻止人們參與我的演講及接觸到我們。在我們抵達之前，我們獲知有許多出家眾接獲警告，說他們不應該參與我們的僧團活動，不然等我們離開後，他們的麻煩就大了。

然而，我們繼續保持謙卑平靜，微笑以對，最後終於有所突破，西貢政治研究所准許我們舉辦一場演講，演講的對象是知識份子、學者、共產黨員、政府官員。他們準備了三百個座位，但由於我們修持慈愛言語及全神傾聽，在最後一刻終於說服他們讓一般民眾進入會場。

演講當天，現場聽眾超過一千人。我分享自己在西方教導修行的經驗，而聽眾對此也十分感興趣。最後，他們問了幾個問題，其中一個問題是：「如果皈依三寶（佛寶、法寶、僧寶），仍然有權利愛國家和共產黨嗎？」我馬上回答了，答案也很簡單：「如果皈依三寶代表失去愛國愛黨的權利，那麼皈依三寶又有何用呢？」大家鼓掌許久，這句話後來也被呈報給中央政府及黨內各部門。

因此，我們前往順化時，獲准爲共產黨員、知識份子、政府官員舉辦一場演講，有六、七千人參與。我們二度前往河內時，總計爲共產黨員、政府官員、學者舉辦了五場演講，結果發現他們全都渴望靈性成長，而跟代表團和我在一起時，讓他們有機會公開表達心中的這份渴望。

在河內的胡志明政治協會，有幾位召集人評論說，馬克斯主義與佛教之間的對話和討論十分重要，此外還承認他們可以從佛教中獲益良多。有一名共產黨員甚至大膽的說，共產黨過去犯了錯。召集人表達了想要復興國家及深入學習的渴望，氣氛既開放又良善，可以感受到自由，接觸到自由的言論，眞是美好啊，這也許是越南人首度膽敢公開自由的發言。

我雖直言不諱，但因心中充滿慈悲與同胞愛，所以並未傷害到任何人。我會說：

「你們知道嗎，在梅村，生活很簡單，出家眾和在家眾住在一起，像一個大家庭，沒有人有私家車，沒有人有私人的銀行帳戶，沒有人有私人電話，其實我們是眞正的共產黨員。」大家笑了又笑，壓根兒也沒生氣，而我們的訊息也傳達出去了。

有些人擔心我的安危，因爲我膽敢指出重要問題，例如政府的貪污。然而，我們懂得運用慈言愛語說話，所以覺得可以說出眞相，分享內心的想法。我們一直注意運用有技巧的方式來傳達訊息給人們，結果恐懼與憤怒的程度日日降低，而政府也眞正改變了想法。這個經驗強而有力地顯示出一項事實：精進修行的少數人是可以影響多數人的，個體確實可以轉化集體。

你擁有的就是這個當下，你可以有所抉擇。你是可以追逐渴望，也許外在世界看你是權力在握的人，但我敢保證那樣是找不到快樂的。你可以轉念培養五大心靈力量，把菩薩的力量帶給自己、所愛的人、工作環境和社群，這條道路可以帶給你眞正的快樂，也是唯一能轉化世界的道路。

【附錄A】

以禪修培養力量

有一些具體的練習可以加強我們的力量，也就是心靈能量，還可以隨時隨地應用，或讓我們保持愉悅。在這些練習當中，有許多練習可視爲禪修。在家人想到禪修時，都會想到坐得一動也不動的僧侶，不受聲音影響，不被干擾。但靜坐只是其中一種禪修法，還有許多其他的禪修法可以在家裡或職場上，花個幾分鐘時間進行。

禪修包含兩大部分。第一個部分是停下來，平靜心靈，頭腦專注。第二個部分就是深入觀照，獲得內觀。首先，把心神專注在一件事情上面，例如步伐或呼吸。專注和正念都需要有一件事物作爲對象才能進行，沒有東西就無法專注，無法正念分明，所以，練習正念需要有一個對象才行。當你把注意力放在呼吸上時，你的呼吸就是正念與專注的對象。當你產生正念的能量時，這份能量會擁抱你專注的對象，讓它存在於你的心中。

若繼續專注對待，就能獲得觀照，此即禪修的第二步。例如，當惱怒或憤怒時，可能會專注於找出根本原因，接著，練習正念或專注一段時間之後，就會知道憤怒的眞正本質，而觀照則能讓你從憤怒中解脫。探究的對象若很有趣，很容易就能獲得正念和專注。如果演講或簡報的內容有趣，你很容易就能專注；如果很無聊，還是可以盡力專注，但會很難完全專注。因此，成功的其中一個要訣就是正念和專注的對象要選擇你覺得有興味的，有興味的話，你就能很快獲得觀照。

正念呼吸

我建議大家背誦一首短詩，這首詩可以幫助你練習正念分明地呼吸。無論你練習的是正念端坐還是走路，都可以運用這首詩。

吸，呼
深，慢
平靜，自在
微笑，放鬆
當下此刻，美好此刻。

「吸，呼」這兩個字的意思是「吸氣，我知道我正在吸氣；呼氣，我知道我正在呼氣」。你在吸氣時，只專注在自己的吸氣上，不想其他事情，完全專注的吸氣。同樣的，接著專注的呼氣，這就是第一個練習。你可以繼續默念「吸，呼」，以便於全心全意投入在吸氣和呼氣上。

不要讓注意力離開呼吸，不要轉移注意力到其他地方。「吸氣，我知道……啊，我忘記關掉房間的燈了。」你的心思從一件事情跳到另一件事情上，這樣就不專注了。練習在一次吸氣時，從頭到尾都專注，你的吸氣時間可能會持續四、五秒鐘之久，每個人都能在這段短短的時間內把注意力百之百放在吸氣上。練習正念呼吸一分鐘時，就停止思考一分鐘。停止思考、活在當下，是件美好的事。思緒大多會阻礙我們活在當下，因為沉浸在思緒裡就無法完全活在當下，不能觸及生命的美好。「我思，故我不在！」「我思，故我迷失在思緒裡。」迷失在思緒裡，就表示沒有活在當下。

假設兒女在你的面前對你微笑，如花般美麗。要是你忙於思考過去、未來、工作、困難、悲傷，就會迷失在思緒裡。你心不在焉，沉浸在思緒裡，便無法觸及自己美麗的孩子。不被思緒帶走，就是活在當下，接觸生命中的美好，也就是你的兒女，如此一來，你眞正陪伴了兒女，兒女也眞正陪伴了你。

只要吸氣一次、呼氣一次，就能停止習慣性的思考，回到當下。若能回到正念呼吸，心靈就能立即與身體產生連結。在日常生活中，會有身體在此處但心思卻在彼處的情況。幸好，呼吸是身與心之間的橋樑，當回到呼吸且正念呼吸的那一刻，身心就能合而爲一，這很美好，也十分簡單，無需花費很多時間，或許最多只要五或十秒鐘，然後渙散的心神突然間就能轉而正念分明且專注。當心思回到身體後，人就能完全地專注。眞正做到心神專注後，就能注意到其他事物，比方說生活和所愛的人。

即使是開車時也可以專注呼吸，以便做到眞正的專注。若能心神專注且未迷失在擔憂與不安之中，開車也會比較安全。在前院澆花時，練習正念分明地呼吸，完全專注，欣賞花朵，享受澆水的動作。若你在開車、洗碗、或從一棟建物走到另一棟建物時，都能正念分明地呼吸，接著就能邀請家人一起練習。你們可以一起坐在客廳裡練習正念呼吸，家人不用一起看電視就能享受彼此的陪伴，融洽和寧靜的感覺將油然而生，這樣的練習很美好。你何不也和同事一起練習正念分明地呼吸？你可以教他們如何照料自身的疲勞、強烈的情緒，以及痛苦。

建議你現在就停止閱讀本頁，開始練習。進行「吸，呼」一、兩分鐘或三分鐘，一直練習到能眞正專注在吸氣和呼氣上，然後就會發現呼吸的品質快速獲得改善。不用努力讓事情發生，慢慢的，吸氣自然就會越來越深，呼氣也會越來越緩慢、越放鬆、越平靜。

坐禪

坐下是一種恩賜。曼德拉從監獄中獲釋，首次造訪法國時，媒體訪問他，問他最想要做什麼，他回答：「坐下來，什麼也不做。我從監獄中獲釋後，就失去這種樂趣了，一直忙個不停，所以最想要做的事情就是坐下來，什麼也不做。」

有機會坐下來享受呼吸，就已經是一件美好的事情。呼吸是無需努力就能做到的事情，所以，爲了曼德拉，爲了所有忙碌而無暇回到自身、活在當下的人，請你專注呼吸吧！在這個時代，坐下來什麼事也不做是一種奢侈，還能療癒並滋養我們。

找一個舒適的位置，坐墊或椅子都可以。如果是坐在椅子上，雙腳放在地上，挺直腰背，但切勿僵硬，放鬆身體，讓重量落在坐墊或椅子上，腹部放鬆，把注意力放在吸氣和呼氣上，當心神渙散時，就緩緩地把意識放在呼吸上。

禪坐首先就是什麼事也不做，放鬆自己。如果懂得呼吸和微笑的要領，禪坐的愉悅感會越來越強烈。然後，經由正念和專注，就能開始更深入地觀照身體的實相、意識的實相，以及所處局勢的實相。看得透徹的話，就比較不會犯下那麼多錯誤，就能有機會做正確的事情，為你自己和所愛的人帶來福祉。這就是坐禪的益處。

正念走路

我想要更詳談第三章所提及的正念走路。大家都要走路，當我們從工作場所走向捷運、停車場或廁所時，無論是要穿越數條街、還是走個幾步，都可以享受步行禪的樂趣。步行禪就是學習在走路時意識到所踏出的每一步，不思考，不被工作束縛。

如果想要寧靜的走路，可以一次吸氣走兩、三步。我吸氣時通常會走兩步，同時說：「吸，吸。」我是透過腳說的，而不是透過嘴巴大聲說出來。我會把注意力集中在腳底，腳底溫柔的觸碰地面，好似在用滿滿的愛意親吻地面。我呼氣時會走兩步，同時說：「呼，呼。」所以走路的節奏是「吸，吸。

呼，呼。」正念分明地用腳觸碰地面，自然的呼吸，讓步伐跟隨呼吸的節奏，不要沉浸在思緒裡，而是把注意力放在腳底。你會注意到步伐變得更加牢固穩定，步伐的穩定會帶給身體和意識穩定。像自由人一般的走路吧！你再也不是工作和憂慮的奴僕，你所踏出的每一步都能幫助你恢復自由。

我走路，是因爲我想要走路，而不是因爲有人逼迫我走路。我像自由人那樣走路，享受踏出的每一步。我不匆匆忙忙，因爲我想要眞正活在當下，用踏出的每一步觸碰生命。「吸，吸。呼，呼。」走路可以很愉快，因爲你會感受到心中的自由。你是正在走路的人，不被過去、未來或工作牽著走，你做你自己，你就是自己的主人。

做了本詩的第一個練習後，接下來就做「深，慢」的練習。「深，深。慢，慢。」吸氣時所踏出的一步，請說「深」；呼氣時所踏出的一步，請說「慢」。用你的腳說，而不要用頭腦說。你在吸氣及呼氣時，會意識到肺部想要你踏出多少步，只要你舒適就好。如果覺得走路是件苦差事，就表示練習的方式不正確。步行禪應該要具有療癒、轉化、愉悅的效果。

接下來，可以選擇練習「平靜，放鬆」。不要機械式地說這句話。當你用雙腳說出「平靜」這個字眼時，一定可以感覺到身體或內心獲得平靜。若專注且享受自己所踏出的步伐，就是在支持想要這麼做的所有人。當你和別人一起練習正念走路時，他們的陪伴和練習也會支持著你；若你享受踏出的每一步，堅穩自由，平靜放鬆，那麼每個人的生活品質也會大大提升。

你必須能夠放鬆放下。不管發生什麼事，不論是有了問題或碰到事情，都不應該讓你失去快樂和寧靜，因爲你心中有佛，有覺醒的能量。當你正念微笑時，佛與你同在；當你正念走路時，佛與你同在；當你寧靜喝茶時，佛與你同在。你知道自己可以正念分明地喝茶、走路、呼吸。可別以爲佛是抽象的概念，其實佛是具體的作爲，只要懂得如何運用，佛就是隨手可及的正念能量。

我認識一位商人，她從一棟建物走到另一棟建物時，總是正念分明地走路。她不跑，而是讓自己有足夠的時間享受踏出的每一步，而且在這段走路的時間，也眞正停止思考工作上的事情，她懂得以關愛的態度對待自己。

正念走路是我們所有人都可以學習的。有活著的感覺，走在這個美好的星球上，是多麼美妙啊！許多人習慣匆匆忙忙，無法深刻地活在當下。如果走路只是爲了到達某地，就會失去走路本身的樂趣。走路時沒有生命的活力，是好大的損失啊！天國在哪裡？天國就在當下。懂得正念走路的話，所踏出的每一步都能觸及天國。這只要多加練習就可以了，當下有這麼多生命的美好可供我們享有。

有一天，我們在下村與天主教修女修士練習步行禪，由我引領大家行走。我們走向森林，途中穿越了一片草地，那時是春天，草地上長了許多五顏六色的小花。我們正念分明地走路，享受踏出的每一步，觸及了五月的諸多生命美好。這趟步行喜悅又具有療癒，沒有人說話，我們只是享受著以雙腳觸碰地面的樂趣，連結到當下一切事物。走到森林後，我們坐了下來，傾聽鳥鳴，享受樹葉間灑落的陽光，好美啊！我們能夠觸及當下的生命奇蹟，我們這群人大多是佛教的出家眾與天主教的修士修女。我轉身對著梅村的某位法國修士用法語說：「Le paradis est maintenant ou jamais.」意思是「天堂就是當下此刻」。修士點頭微笑。天堂並不是抽象的概念，天國也不是抽象的概念，而是具體的現實，生命就在當下此處展現所有美好。

無法活在當下，就無法進入天國或天堂，但只要稍加訓練，就能停留在當下，深深觸及生命。而因爲我們變得更穩固、更自由、更快樂，所以生命中的其他事物也會獲得改善。經常花時間正念分明地走路，會幫助我們轉化自己，讓我們更能照顧自己、家庭、同事。

正念微笑

下一個練習是「微笑，放鬆。」「吸氣，我微笑；呼氣，我放下。吸氣，我對身體微笑；呼氣，我讓身體平靜下來。吸氣，我對自己的感覺微笑；呼氣，我讓自己的感覺平靜下來。微笑，放鬆。」

微笑是有效的練習，不用感受到百分之百的喜悅就能微笑，因爲微笑有如練習瑜珈，是練習嘴巴的瑜珈。即使沒有感受到喜悅，微笑也能放鬆臉部肌肉。人類的臉部有三百條肌肉，生氣或恐懼時，臉部肌肉就會緊繃，如果此時看向鏡子，就會看見臉孔緊繃。然而，如果懂得呼吸和微笑，緊繃感就會立即消失，也會覺得好多了。如果有人很緊張，你可以向對方露出微笑，對方就會覺得好多了。「吸氣，我微笑。呼氣，我放下緊張。」

吸氣，你或許會意識到自己很氣別人對你說的話或做的事。呼氣，你微笑，因爲你知道自己能夠心平氣和的擁抱氣憤。在一張信用卡大小的紙片上，寫下這句話並放在皮夾裡：「雖然現在我對所愛的人很生氣，但是內心深處我知道自己可以心平氣和。」然後，當你就要失去控制時，拿出紙片來讀，並開始吸氣、呼氣。務必要在你對自己和所愛的人造成傷害前就先立刻拿出紙片。所以，把佛陀放進皮夾裡吧，當你需要佛陀的幫助時，就拿出皮夾裡的紙片來讀，同時回到呼吸練習。

美好的時刻

短詩的最後一個練習是「吸氣，我安住當下。呼氣，我知道這是美好的時刻。當下此刻，美好此刻。」我們學到唯一活著的時刻就是當下，即使是長期坐牢的獄友也是如此。我在華盛頓首府附近的馬里蘭州監獄演講時，告訴一百五十名獄友說，你們是有可能在當下獲得快樂的。我說：「我走進這座監獄，穿越許多道鐵門，我注意到監獄裡的空氣品質其實跟外面世界一樣，從監獄裡看出去的天空也和外頭的天空一樣藍，監獄院子裡的植物也和外頭的草地一樣綠，你們在監獄裡也擁有正念走路和正念呼吸的所有條件，如果懂得練習之道，當下此刻就會是美好時刻。不用從監獄獲釋，就能獲得快樂。」獄友專注傾聽，便有了動力去練習正念呼吸和正念走路。

處於困境時，若懂得開放心胸接納這情況，快樂和安康永遠隨手可及，而當下此刻就成了美好時刻。快樂就在當下，而我們需要練習才能安住當下，需要練習才能對抗想要衝向未來或沉緬過去的傾向。我們需要學習如何在當下歡慶生活之樂。

平息強烈的情緒

有許多人在強烈痛苦的情緒中受苦，不知道該如何處理。當你注意到心中有不平靜或不寧靜的感覺時，可以對自己複誦：「吸氣，專注於我的感覺。呼氣，平息我的感覺。」把這幾句話說出來後，情緒就會開始平息下來，這很重要。你可能會有絕望、恐懼或氣憤等強烈的情緒，但不管是哪種情緒，正念呼吸都能加以平息。

當你注意到強烈的情緒即將形成時，請回到自身，開始練習正念呼吸，藉以產生正念能量保護自己。專注處理你的情緒，不要讓情緒駕馭你，不要變成情緒的受害者。

好比你知道有強烈的暴風雨即將來臨，你必須竭盡所能去保護房子，以免房子在暴風雨中受損。強烈的情緒來自於內心，來自於意識的深處，而正念的能量也同樣來自意識的深處。所以，請用安穩的姿勢坐著，或可坐在椅子上，雙腳平放在地面，或可盤坐在坐墊上，或可躺下，接著做好迎接情緒的準備。你開始吸氣和呼氣時，把注意力集中在腹部。爲什麼是腹部呢？當你看見身處暴風雨中的樹木時，若把注意力集中在樹梢，肯定會覺得樹木很脆弱，樹梢的小樹枝和葉子在暴風中狂亂晃動，讓你覺得樹木軟弱得無法抵擋暴風，會被吹走；然而，若注意力集中在樹幹，就會有不同的感覺，你看見樹木穩固且深深紮根在土壤裡，你知道樹木撐得過暴風雨。

你就好比一棵樹，強烈的情緒就是即將來臨的暴風雨，不做好準備，可能會被吹走。所謂的做好準備，就是開始正念呼吸，把注意力從頭腦帶到腹部，也就是肚臍的正下方，這是腹部呼吸。所有的注意力都集中在腹部，意識到腹部的起伏，而腹部就是你的樹幹。不要停留在頭腦思考的層面上，頭腦是暴風吹得最猛烈的地方，停留在思考層面是很危險的。請往下走，擁抱肚臍正下方的樹幹，那裡很安全。

這是簡單又有效的練習。你會覺察到情緒不過是情緒罷了，只是你整個人的一小部分，組成你的元素不只是情緒而已。情緒會來臨，短暫停留，然後離去，就像暴風雨一樣。如果知道這點，就不用害怕情緒。許多年輕人不懂得如何處理情緒，受著極大的痛苦，還以爲結束痛苦的唯一方法就是自殺。許多年輕人自殺只是因爲不懂得處理情緒，但處理情緒其實並不困難。若能知道情緒不過是情緒，知道組成你的元素不只是情緒，知道情緒會來臨、暫時停留、然後離去，那麼就會大有助益。爲何要因情緒而赴死呢？

注意力集中在腹部十五或二十分鐘，在呼吸練習中避難，情緒就會平息下來，然後就會獲得寧靜快樂的感覺，因爲你知道是有方法可以處理情緒的，你知道下次當情緒形成時，就可以做同樣的呼吸練習來處理情緒。

做了呼吸練習，對練習生出信心之後，就可以在親近的人被強烈情緒呑沒時幫助他們。你可以說：「過來坐在我身邊，握住我的手，我們來練習正念呼吸，注意腹部的起伏。」握住對方的手，就能把力量和信心傳達給對方，而你們兩個人就能一起同時吸氣、呼氣，十五或二十分鐘過後，對方就會好了。以後，對方可以自己做呼吸練習。教朋友如何做呼吸練習，以後也許能救他一命。

建議大家不要等到強烈情緒即將來臨前才開始練習，因爲到時肯定會忘記。現在就學著練習呼吸，每天練習十五分鐘，或坐或躺，只要姿勢安穩，就可以練習正念呼吸，享受吸氣、呼氣，把注意力集中在腹部。腹部呼吸可以十分深沉，十分緩慢，十分有力。持續練習三週，就能培養出適宜的修行法。然後，當強烈的情緒形成時，你就會記得練習呼吸，成功的平息情緒。情緒來臨的力道會次次減弱。無需對抗情緒，只要讓正念的能量擁抱情緒，情緒自然就會減弱，回到意識深層。

完全放鬆

各行各業的人若每天或每週練習完全放鬆，就能從中獲益。也許辦公室可以安排一個地方，讓人做十五分鐘的完全放鬆練習，你也可以在家中練習。自己做放鬆練習，恢復活力、從中獲益後，就可以教家人或同事練習完全放鬆。

你可以每天在工作時間安排一次完全放鬆的練習。同事或員工要是被壓力壓得喘不過氣，工作效率就會大為降低，也會常常生病缺勤，讓企業組織付出高昂的代價，所以工作三或四小時後便進行十五分鐘的完全放鬆練習，其實可行又實用。你可以帶領大家進行完全放鬆練習，並從中體驗許多喜悅。當你有能力幫助人們獲得快樂並放鬆時，自己的快樂感也會隨之增加。

當我們在團體裡做深層放鬆時，可以由一個人負責引領，可運用下列指示或對指示稍加變化。練習的開始與結束時可以敲鐘，讓大家的心神更容易進入放鬆狀態。自己一個人練習深層放鬆時，可以播放錄音來引導自己。

仰躺在地上，手臂放在身體兩側，處於舒適的狀態，身體放鬆，覺察身體底下的地板……以及身體與地板的接觸。讓身體沉入地板。

覺察呼吸，吸氣，呼氣。覺察呼吸時腹部的起伏……上……下……上……下。

吸氣，呼氣……整個身體會覺得輕盈起來……像是浮在水上的睡蓮……你沒有要去哪裡……沒有要做什麼事……你像是天空的浮雲那樣自由。

吸氣，把意識帶到眼睛。呼氣，放鬆眼睛，讓眼睛沉入腦袋……讓眼睛周圍緊繃的小肌肉放鬆……眼睛讓我們看見了形狀和色彩所建構出來的天堂……讓眼睛休息吧……把愛和感激的心情傳達給眼睛。

吸氣，把意識帶到嘴巴。呼氣，放鬆嘴巴，放鬆嘴巴周圍的緊繃感……你的嘴唇就是花瓣……讓一抹淡淡的微笑在嘴唇上綻放……微笑可以放鬆臉部數百條肌肉的緊繃感……感覺臉頰的緊繃感放鬆了……下巴放鬆了……喉頭放鬆了。

吸氣，把意識帶到肩膀。呼氣，放鬆肩膀。讓肩膀沉入地板……讓所有累積的壓力流到地板裡……我們的肩膀承擔了許多壓力……現在要照料肩膀，讓肩膀放鬆。

吸氣，覺察手臂。呼氣，放鬆手臂，讓手臂沉入地板……先是上臂……然後是手肘……下臂……手腕……手掌……手指……所有的小肌肉。必要時可以稍微動動手指，幫助肌肉放鬆。

吸氣，把意識帶到心臟。呼氣，放鬆心臟。我們因爲工作方式、飲食方式、處理緊張壓力的方式，而忽略了心臟好長一段時間。心臟日日夜夜爲我們不停的跳動，以正念和溫柔之心擁抱心臟，與心臟和解，照顧心臟。

吸氣，把意識帶到腿部。呼氣，放鬆腿部，放鬆腿部所有的緊繃感……先是大腿……然後是膝蓋……小腿……腳踝……腳……腳趾……腳趾的所有小肌肉……你可以稍微動動腳趾，幫助腳趾放鬆……把你的愛和關懷傳達給腳趾。

把意識帶回到呼吸上……覺察腹部的起伏。

隨著呼吸，覺察手臂和腿部……你可以稍微移動手臂和腿部，伸展一下。準備好以後，慢慢坐起來。準備好以後，慢慢站起來。

你可以按照個人需求，修改這篇簡短的放鬆指示。你可以只練習五分鐘，也可以練習更久的時間。放鬆練習可以把意識帶到身體的任一部位，例如頭髮、頭腦、耳朵、脖子、肺部、內臟、消化系統，只要是需要療癒與關注的身體部位都可以。你擁抱身體的每個部位，並在意識中擁抱身體部位及專注呼吸的同時，把愛、感激和關懷傳達給身體部位。

壓力管理

在公司或組織中開設壓力管理課程，成本費用並不高昂。請務必訓練一些助手，讓他們精通處理壓力的技巧。他們必須先爲自己練習，先親身確信完全放鬆、正念呼吸、微笑、走路，對提升工作成效的益處，然後就能把練習的經驗和其他員工分享。

在梅村，當寺廟鐘聲響起時，我們就會練習回到呼吸並放鬆身體。你或許也能在公司裡如法炮製，你可以和同事選擇喜歡的一些音樂片段，短短一分鐘也可以，然後利用廣播系統，每隔一、兩個小時就在全公司播放這些音樂片段。大家聽到音樂時，就停下手邊的事情，覺察自己的身體，享受呼吸並放鬆。可以定期更換音樂片段，一個月後就會發現公司的氣氛改變了，音樂聲有如你內心的佛之聲，喚你微笑、呼吸、恢復活力；或者有如上帝之聲，喚你回到眞正的家。

接電話

在梅村，當電話鈴響時，我們會停下手邊的事情，回到呼吸。「吸氣，我獲得平靜；呼氣，我面露微笑。」我們會讓電話響三次，同時間用這種方式呼吸，然後再接起電話。這樣接起電話時，心中就會充滿平靜與慈悲，而電話另一端的人從我們聲音的品質中，也能聽出我們的平靜與慈悲。觸碰心中平靜、踏實、慈悲的種子時，對話的品質也會獲得提升。

我們有許多朋友會在家中與職場上練習電話禪，每次聽見電話鈴響，就會停下手邊的事情，正念分明地呼吸，享受吸氣和呼氣，變得更安詳寧靜，對業務有十分正面的效果。我認識一位商人，總是在接起電話前正念分明地呼吸，他跟我說，這樣可以幫助自己更全神專注地講電話。

正念用餐

正念用餐也是很好的練習。用餐時，注意力只集中在兩件事情上：覺察食物，覺察環境。我們不想過去，不想未來，不想工作和憂慮的事情，而將全部的意識集中在食物和共同用餐的人身上。我們要練習在用餐時生出喜悅快樂，挾起一片食物時，覺察那片食物，深入觀照，看見這食物是天地所賜及人類辛勤之下而得來的禮物，我們把食物放進嘴裡，正念分明地仔細咀嚼。

我挾起一片胡蘿蔔時，喜歡跟胡蘿蔔同在的感覺，就有如開門或點香的感覺。如先前所述，師父教我要百分之百專注的關門和點香，而當我挾起一片胡蘿蔔時，也是像關門和點香般專注。我身心專注地挾起這片胡蘿蔔，看著它，認清它是片胡蘿蔔。如果我的腦袋專注想著別的事情，比方說想著工作、過去或未來，那麼就不會知道自己已把一片胡蘿蔔放進嘴裡了。

我想請大家正念分明地用餐。胡蘿蔔放進嘴裡之前，可以默念：「胡蘿蔔。」而胡蘿蔔的形體會清楚呈現在你眼前，有如正念分明地呼喚所愛之人的姓名所造成的效果。把胡蘿蔔放進嘴裡，會覺察自己放進嘴裡的是胡蘿蔔；咀嚼胡蘿蔔時，會知道自己在咀嚼胡蘿蔔，而不是嚼著工作、憂傷、憤怒、過去或未來。

請一次只做一件事情。當你正念分明地挾起一片胡蘿蔔，可能會對胡蘿蔔生出深沉的觀照，看見促成胡蘿蔔生長的所有元素。你在一片胡蘿蔔裡，看見漂浮的雲朵、陽光、土壤。其實這一片胡蘿蔔所代表的，就是向你而來的整個宇宙，你可以對胡蘿蔔微笑，這不用花多少時間，也許一秒就已足夠。如果你正念分明又專注，就能觀照出胡蘿蔔眞正的本質。

在天主教的教堂，信徒會領聖餐。牧師會剝開麵包給信徒食用，並說麵包是耶穌基督的身體。如果懂得領受，就能獲得淨化及永生。一片胡蘿蔔也等於是向你而來的宇宙天體，如果懂得領受，就能獲得生命眞正的祝福。然而，如果以輕忽的態度吃胡蘿蔔，沒有正念分明，那片胡蘿蔔就沒有生命；若沉浸在思緒、憂傷、想法、憤怒裡，那片胡蘿蔔就再也代表不了宇宙了。

在梅村，我們用餐時會先安靜地吃。要是話說得太多，注意力就無法集中在食物上，也無法珍惜共同用餐的所愛的人。我們像大家族那樣一起用餐時，偶爾會停下用餐，覺察那些正念坐著用餐的同桌人，這種感覺很美好。他們的在場可以支持我們，幫助我們深刻練習。沉默可以是具有力量及影響力的，能夠幫助我們百分之百專注於當下。

爲了品嚐食物的滋味，可以把用餐速度放得更慢。吞嚥食物前，至少要咀嚼三十次，這對我們很有益。咀嚼時，專注於呼吸並放鬆，安住在當下。有時我在咀嚼食物時，會運用前文所提及的詩：「吸，呼。深，慢。」我隨著呼吸的韻律咀嚼食物，安住當下，十分快樂。

有的人把安靜正念吃午餐的練習引入職場，他們和朋友、同事先安靜用餐十至十五分鐘，然後才開始聊天，而且也很享受這個練習。

【附錄B】

工作與喜悅：巴塔哥尼亞的例子

從小我體驗到的力量，是身爲一名比丘的力量。但我要與大家分享一則商人的故事，他是藉由商業界來瞭解心靈力量。他名叫伊方·修納，在一九五〇年代進入商業界。當時榮獲攀岩冠軍的他，開始從事攀岩設備的設計、製造和銷售。一九六四年，他替自創的巴塔哥尼亞公司製作了一頁郵購型錄，型錄上說，每逢攀岩季節，顧客的訂單將無法準時出貨，因爲他出門攀岩去了。一九八〇年代中期，公司銷售額達兩千萬美元，一九九〇年代中期則達到一億美元。

今日的巴塔哥尼亞公司每年銷售額超過兩億三千萬美元，伊方·修納仍是公司老闆，大多數時間都在世界各地以健行、獨木舟、攀岩的方式測試設備。《財星》和《職業婦女》雜誌都將巴塔哥尼亞公司列為美國員工最喜愛的一百大公司之一。二○○四年，伊方．修納開始進行海洋計畫，旨在維護海洋健康。自一九八五年起，巴塔哥尼亞公司已捐贈兩千兩百萬美元以上的金額。伊方．修納在所著的《任性創業法則》（*Let My People Go Surfing*，二○○八年，野人出版）一書中，探討佛教與正念如何提升他公司的業務。他寫道：「結果，我發現應用禪學的最佳之處就是商業界。」

我們每一個人都可以像伊方．修納那樣，至少有一瞬間體驗到覺醒，那是清明、觀照、解脫的瞬間。也許那一瞬間就發生在樹林裡或海邊散步時，也許就發生在與朋友或兒童相處的寧靜片刻，也許是回歸自身、正念飲茶的簡單片刻。「我在喝茶，我知道自己在喝茶。」你覺察到自己正在與朋友坐著喝茶，這就已經算是覺醒了。如果持續練習覺醒，終究會達到更大的覺醒，開始瞭解過去所不能明瞭的事物，然後說：「啊，我懂了。」最高的覺醒，亦即悟道成佛，是由日常生活中可以實現的小覺醒累積得來的。

不光只有菩薩和佛陀能覺醒，每一個人都有能力覺醒。修行正念加上團體的支持，就能轉化自己、親近的人、職場上的人，以及職場本身。我們可以每天生出覺醒，這不光是爲了我們自己，不光是爲了我們的福祉與快樂，也是爲了眾生的福祉與快樂。

下文是伊方·修納闡述慈悲與正念如何能讓事業成爲樂趣，成爲員工與世界的禮物。

我從商將近五十年之久，要承認這點，就跟酗酒者承認酗酒或者律師承認自己的職業一樣困難。我從來沒尊重過這一行，而與自然界爲敵、摧毀本土文化、劫貧濟富、工廠排出物質毒害地球等過失，大多是商業界必須承擔的責任。然而，商界也可以製造食物、治療疾病、控制人口、僱用人員，廣義來說，也讓人們的生活富裕起來。商界是可以做這些好事的，在不失去靈魂的同時賺取利潤。

我從商是很不情願的。我在六〇年代的精神下成長，很排斥商業，所以覺得自己有點像是走日本武士道的商人。想成爲武士，就不能怕死，稍有一絲畏懼，人頭就會落地。我從來不想從商，也不在乎有沒有生意可做，所以我可以冒許多險，打破許多規矩，也因而擁有許多自由。

某年冬天，我去了蘇格蘭，在那裡買了一件英式橄欖球短袖上衣，當時是六〇年代中期，男人的運動服飾通常是灰色的長袖運動衣和運動褲，不像現在的男人有五顏六色的運動服可以穿。我當時買的橄欖球短袖上衣，是藍紅黃條紋的，我覺得這件上衣很適合當作攀岩上衣，因爲有領子，所以裝備不會割傷脖子，此外還是用眞正堅韌的材質製成的。因此，我開始穿這件上衣攀岩，大家都跑來跟我說：「哇，上衣好酷，你在哪裡買的？」所以呢，我腦袋中的企業家電燈泡就叮的一聲亮了起來，我從英國進口了一些上衣，馬上就賣光了，然後我又進口更多衣服，不久就開始製作短褲……而我就這樣進入了成衣業。

某天，我的朋友杜格．湯普金斯穿了一件拉絨羊毛衣，我看見了心想：「哇，好酷，用合成布料做的話，就更適合戶外穿著，這會是很棒的產品。」所以，我的妻子便南下到洛杉磯的 Cal Mart，那裡販售各式布料和合成羊毛，她找到了用來製作馬桶座墊套和馬桶蓋套的人造皮草，看起來眞的很難看，不過我們還是用它做了一件外套，而且很成功，眞的非常成功，冬天掉進河裡，脫掉外套甩一甩，就能把水全部甩掉，然後再穿上外套，就可以救回一條命。我們逐漸改善產品，到了八〇年代中期，終於研發出眞正好看的羊毛產品，這個兼顧了功能和外觀的產品就是 Synchilla。

突然間，我們的業務扶搖直上，大家都想要買 Synchilla，所以我們就賣給大家，一年的業績成長量達到百分之五十，開發了許多批發客戶，開設了零售店，還把產品型錄寄給會員以及非會員。我們被困在成長的陷阱裡，沒有眞正思考自己在做什麼，業績成長直向我們而來，我們也就接受了。

一九八九年，我們計畫要讓業績成長繼續達到百分之五十，於是僱用了一百位新員工來提升業績，也買了全部的存貨。突然間發生經濟衰退，我們只成長了百分之二十。百分之二十聽起來並不壞，但我們是準備要衝上百分之五十，所以簡直是一敗塗地。同時，我們的貸款銀行發生財務問題，要收回款項，所以你可以想像得到，每年預計成長百分之五十的我們，在一開始就出了現金流量的問題。我急著要借款，會計師甚至還把我介紹給黑手黨，他們竟然要收百分之二十八的利息，諷刺的是，黑手黨收的利息跟現在信用卡的利息差不多。總之，那次眞的是很重大的危機，公司差點就沒了，而我也明白了公司無恆常的道理。

在這場危機期間，我帶了十位最重要的人員，前往南美洲的巴塔哥尼亞健行。我們會在荒野間走半小時左右，然後圍成圓圈坐下來討論一些問題，比方說：「我們究竟在這裡做什麼？我們爲什麼會從商？」我們沒有一個人想要從商，沒有一個人擁有商學院的學歷，但卻都從商了，於是我們開始討論自己的價值觀。

第一個價值觀就是品質。能製作出世界上品質最佳的登山配備，我們眞的很引以爲傲。我們不是第二或第三，而是世界第一。因此，服飾品質若也拿到第一，對我們也很重要。我們眞的很努力製作絕對第一的產品，也努力把工業設計的原則應用在服飾的設計上。我們想要製作眞正具備功能性且耐穿好看的服飾。當時我的設計師說：「我們無法製作出世界第一的服飾。」我說：「爲什麼不行？」設計師說：「世界第一的衣服是用義大利布料手工織成的，鈕釦是手繡的，做成獨一無二的亞曼尼上衣，一件要價三百美元。」我說：「如果把這種上衣丟進洗衣機洗呢？」設計師說：「不能丟進洗衣機，會縮水。」我說：「那就不是好品質了。」我們自己就是公司的客群，會想要把上衣丟進桶子或水槽裡洗，或者在溪邊洗，晾乾，幾小時後就要穿，然後登機。因此，我們必須找出品質背後的眞正意涵。沒有一本書籍說明了服飾品質的意義，我們得靠自己找出品質的標準。

我們重視的另一個價値觀就是彈性時間。我從事登山配備業務時有位合作夥伴，他會離開四、五個月之久，遠征喜馬拉雅山脈的安娜普娜山區，而這段時間則由我負責經營業務。等他回來後，就換我出發，從加州開車南下至南美洲北端，登山六個月之久，我的夥伴會在這段期間負責處理業務。因此，我的書名才會叫作《任性創業法則　第一條：員工可以隨時翹班去衝浪》。我們有一條公司政策是：「浪頭來了，就去衝浪吧！」很簡單，不是嗎？但是，你知道嗎？多數人還是會請下週二的假，在下週二兩點鐘去衝浪。有的人會因爲小孩生病而必須留在家裡照顧他，對衝浪和照顧小孩採取不一樣的態度。但如果你是眞正認眞的衝浪者，那麼所選擇的工作和生活型態，一定要讓你可以在浪來時就去衝浪。

我們想做的另一件事情就是模糊工作、玩樂、家庭之間的界線。我們想要繼續製作自己會使用的東西，希望家人和我們一起，而不希望家人每天有八小時都見不到我們。因此，一開始，我們讓媽媽把新生兒放在自己辦公桌上的紙箱裡，這個方法有一點成效，不過只持續一會兒。我們的辦公室全都是開放式的，沒有小隔間，人員之間溝通沒有阻礙，非常方便。不過，有一次，某位媽媽的嬰兒很愛尖叫，這成了大問題。這位媽媽得帶著不停尖叫的嬰兒，出去坐在自己的車子裡。我妻子說：「我受夠了，我們要設立托兒中心。」我們是美國第一批在公司內部設立托兒中心的公司之一，這不僅是業界倫理，也是很好的事業。我的員工有百分之八十是女性，我不希望她們離開。據說要取代一名員工得花上五萬美元的成本，所以最好別讓優秀的員工離開。

我們想要做的另一件事情就是繼續僱用朋友。我的公司裡沒有人擁有MBA的學位，大家的學位包括人類學、生物學、社會學，或者像我一樣，是從約翰布洛斯高中汽車科畢業的。我們用人的態度是不僱用學商畢業的人，而是僱用有熱情且有趣得會讓我們想跟他共進晚餐的人，而且從事的運動是公司產品涵蓋在內的運動，然後我們再教他們怎麼做生意。我們不清楚自己做生意的方法好不好，所以都是一起摸索學習。僱用從商者，要從商者對划獨木舟或登山之類的事情產生熱情，倒不如僱用有熱情的人，然後教對方怎麼做生意。

我們希望製作出品質最佳的產品，希望和朋友一起工作，身邊有朋友圍繞。我們希望努力工作的同時，家人也在身邊。在那趟巴塔哥尼亞之旅，我把大家討論出的價值觀寫了下來，而這些價值觀也逐漸成爲我們做生意的態度。我結束旅程回到公司後，必須解僱百分之二十的員工才能拯救公司。這些員工都是朋友，解僱他們是我做過最困難的事情，我發誓再也不要經歷這種情形了，也因而決定要眞正努力成爲更永續經營的企業。

大約同時間，我開始眞正關心地球各地環境惡化的問題。我們有一項使命是要「製作品質最佳的產品」，後來我又加了一句在後頭，「避免造成不必要的傷害」。我並沒有用「避免造成傷害」的字眼，因爲這麼說很蠢，因爲製作產品免不了會造成傷害。完美的永續是不可能的，萬物有始便有終，每一個資源都有其限度。不過，我們希望能大幅縮小傷害，這是程度上的問題。

我也開始一次帶領十五位員工，花五天的時間，討論不同的商業態度。「我們要在零售業成就什麼？我們對零售業的態度是什麼？我們對建築的態度是什麼？」我的意思是，我們要進駐郊區的大規模購物中心，成爲下一個See's巧克力嗎？還是我們要把老舊的建物翻新，讓街坊都賞心悅目起來？我和公司裡每一位員工討論，讓大家凝聚共識，往同一個方向前進。

有一次，我請了心理學家針對所有員工做研究調查，他跟我說：「你知道嗎，眞的很奇怪，我一定要跟你說，我調查了你所有的員工，我從來沒見過這麼不受支配的人。其實，像他們那樣不受支配的人，別的公司是不會用的。」他的話在我的耳裡有如悅耳的音樂。當你帶領的是不受支配的員工時，唯一能引領他們的方法就是凝聚共識，你必須說服他們相信自己是在做正當的事情，而這正是我與員工會晤討論的初衷。

我一直認爲，態度負責的農夫離開田地時，田地的狀態應該要比當初他收到時還要好；林務官離開森林時，森林的狀態應該要比當初更佳，而不是一次全把樹木都砍了；態度負責的政府在做決策時，必須放眼社會未來，正如北美洲易洛魁族的印地安人所言，要放眼未來七代的人民，不要只是做出短視近利的決策。然而，不知怎的，商業交易卻都免除了這類責任，盡可能快速成長，而上市公司執行長唯一的任務就是爲股東賺取最大的利潤。

我決定把自己的公司當作會存續一百年之久，秉持這樣的態度來經營事業，所有的決策都是根據這樣的願景來決定的。即使一年成長百分之十或十五，終究會變成市值數兆美元的公司。當然了，這是不可能的事情，可是別人卻都是以此作爲努力的方向。我們讓公司的成長率達到永續成長的狀態，之後公司也就蓬勃發展。因爲我不信任銀行，所以公司不再背債了。

我們公司的成長是「自然成長」，我們不鼓勵人爲成長，比方說，在都會區進行廣告宣傳，吸引人們把購買我們的服飾當作社會地位的象徵，而不是眞的打算要在户外活動時使用，這樣並非永續經營。其實我一開始事業會出問題，就是因爲我開始把夾克賣給想要購買但不太需要的人。因此，若爲了想要購買卻不太需要的人製作產品，就會任由經濟局勢擺佈，而我根本不喜歡這樣。

我還學到了另外一點，只要每一件事情都做對了，利潤就會隨之而來。因此，即使有幾年公司只有百分之三的成長，還是有利潤，因爲公司是設定要賺取百分之三的利潤。多數公司只要沒有成長百分之十以上，就覺得沒有利潤，但其實這只是公司設定的利潤多寡罷了。如果你問我，去年公司的利潤有多少，或者今年的利潤會是多少，我根本不曉得，我沒辦法告訴你答案。無法回答的其中一個原因是我對利潤的多寡沒興趣，我只知道流程很順利的話，到了年底自然就會賺得利潤。

我必須提及公司宗旨的最後一個部分，亦即本公司對環境的態度。這部分是最難寫的，基本上是含有五大步驟的理論。

1. 健康生活

我確信人類對地球造成的傷害大多是不經意造成的，是因爲人類的無知，是因爲問得不夠多。豐田公司的其中一種管理法就是，當你有一個問題時，必須先用五種不同的方法問「爲什麼」。提出五種不同的問題，然後再開始想答案。可惜社會上大多數人都問得不夠多，尤以政府爲然，所以才會一直在處理狀況，而沒有眞正解決原因。

比如說，在第二次世界大戰以前，美國每三十或四十位婦女中有一人罹患乳癌，但現在每八位婦女就有一人罹患乳癌，問題不全都出在基因上。所有研究乳癌的機構都著重於療法的研發，乳癌研究資金只有百分之三十用於找出乳癌起因。今日人類使用的有毒化學物質高達三十萬種，任何一種化學物質或某幾種化學物質的組合可能就是乳癌的肇因，可是一般社會抱持的態度卻是：「反正我們無法清除這些有毒化學物質，那就找出療法吧。」傳統的觀點都認為找起因沒賺頭，找療法才有利可圖。

要過健康的生活，例如想讓家人吃健康的食物，就必須清楚食物的來源。不能想也不想就去Safeway超市買番茄，因為那些番茄可能來自仍使用DDT的墨西哥。你必須知道農夫是誰，必須問一堆問題。成衣業者可能不清楚自己在做什麼，只是打電話給布料供應商說：「我要一萬碼這個顏色或這個圖案的襯衫布料。」就只是這樣而已。我們應該開始提出問題：「在所有的成衣布料中，哪些布料是毒性最強的？哪些是最無害的？」

要找到問題的答案並不簡單，但若深入挖掘，最後就會發現最有害的成衣布料其實是百分之百純棉。棉使用的農地僅佔全球百分之三，但噴灑的殺蟲劑卻佔了全球百分之二十五。若以機械摘取棉花，必須先噴灑巴拉刈除草劑，而巴拉刈就是美國當初在越南灑下的藥劑。化學物質滲入含水土層，工人也會吸入肺部。在棉花種植區，罹患癌症的比例較正常值高出十倍。我曾經前往美國加州中央谷參觀棉花田，親眼目睹令人驚愕不已的景象，那裡毫無生機，有如死亡禁區，沒有野草、鳥類、昆蟲，什麼都沒有，一片死寂。那裡有好幾個大型聚水坑、大型湖泊，裡頭的水充滿化學物質，棉花田必須僱人帶著槍砲坐在户外折疊椅上，水鳥一降落在水上，他們就嚇走水鳥，因爲要是鳥喝了那裡的水，就會生出兩個鳥喙和三條腿的小鳥。

我從棉花田回來後便說：「好，我們離開棉花業吧，我不要做那種生意。」這就好比說你是製造地雷的小公司，名列全美最佳公司，僱用員工，給他們工作，但產品卻是地雷。你去了一趟柬埔寨，突然看見產品所造成的後果。現在，你有兩個選擇，一是背著罪惡感繼續製造地雷，二是關門大吉。

我給了公司十八個月的時間完全停止使用工業種植的棉花。幸好有另一個選擇讓我不用離開棉花業，那就是有機種植的棉花。然而，不光是打電話給布料供應商說：「我訂購的襯衫布料要改成有機布料。」事情沒那麼簡單。我們必須跟軋棉廠、製造廠、紡織業者共同合作，找出無毒染料。這眞的很困難，不過整個公司都動員了，而我們也終於學會製作有機成衣的方法。

還有一點，購買棉質襯衫或褲子時，即使標示百分之百純棉，也只有百分之七十三是棉。另外，在布料所使用的化學物質中，甲醛是最常見的，用途是讓棉布維持平整不縮水。把這類化學物質用在布料上，才能製作出較爲實用的產品。可是，我們不打算在有機種植的棉花上加入化學物質，更不想加入有毒化學物質，因此我們必須學習從結構上著手解決，比方說使用纖維較長的棉花，運用較緊密的織法，預先縮水處理。由此可見，光是問一個問題，我們就必須從頭到尾學習製衣的方法。

2.潔淨自身行為

要在商界秉持健康生活的原則，眞的很痛苦，複雜度會增加，多數生意人都不想處理複雜的事情，也不想聽。不過，清楚整個流程之後，就會知道自己在做什麼，必須有所行動，此時就來到第二步——潔淨自身行爲。無論你是商人還是一般人都沒關係，禪學大師會說，如果想要改變政府，就不要把重心放在改變政府上，那樣是沒有效用的。政府只是公司的人質，必須要去改變公司；而要改變公司，就必須先改變消費者。問題的根源是我們，也就是消費者身上。我們不再是平民，而是消費者。消費者餵養公司，公司餵養政府，因此必須要改變的是我們。若能瞭解到自己就是關鍵，就是問題的一環，就可以成爲解決方法的一部分。

我最喜歡的其中一句格言是梭羅說的：「任何企圖若需新衣，須嚴加注意。」你需要瑜伽褲才能做瑜伽嗎？我覺得這樣的想法很傻，我的哲學是「減少消費，品質消費」。歐洲人的消費僅達美國人的百分之二十五，但歐洲人買外套或褲子時，都會在能力範圍內購買品質最佳的產品，然後好好保養，穿很久。歐洲人不會購買產品不久後就丟棄，但美國人卻處於買了又丟、丟了又買的困境裡。因此，我做生意時也秉持著同樣的哲學態度，我們公司會質疑每道程序、每樣材料，並努力學習，有所行動。

3. 盡能力所及

我們永遠不可能成爲完全永續的公司，也永遠不可能製作出完全永續的產品，所以第三步就是盡我們能力所及。在這個時代，如果你善於言辭，一定得發聲；如果你文筆很好，一定得寫出來；你一定要成爲組織機構的志工。我們必須起而行，光坐著什麼也不做，自滿自得，就會像希特勒統治下的諸多德國人那樣失去靈魂，所以我們全都必須起而行。

我身爲公司老闆，僱用一千一百位員工，曝光率也很高，覺得有責任利用自己的公司做好事。我們自掏腰包，把百分之一的營業額用於環境保護。之所以會用於環境保護，是因爲我認爲社會的每個問題幾乎都可以回溯到環境問題上，無論是貧窮或犯罪，都是因爲疏遠環境使然。

4.支持公民民主

第四步就是支持公民民主。在美國所有的強大力量中，諸如聯邦政府、州政府、地方政府、宗教的力量……等，力量最強大者當屬公民民主。打開今年任一日的報紙，都會發現社會所獲得的益處，都是由社會運動活躍份子促成的。翻開美國歷史，看看波士頓茶葉事件吧，美國人都知道在這個事件中，一群社運人士把茶葉倒入波士頓港。至於美國南北戰爭，大家都以爲是林肯解放了黑奴，其實南北戰爭之前就有個名叫地下鐵道（Underground

Railroad）的地下組織，鼓勵黑奴逃離南方，而資助地下鐵道的人是北方的慈善家。黑奴離開南方的人數之多，讓南方的人都嚇壞了，而林肯的動機只是想要讓美國團結起來。看看美國公民權利的歷史，制定公民權利法律的並不是美國政府，而是不想下公車的中年黑人婦女羅莎·帕克斯（Rosa Parks），是不想上種族隔離學校的黑人小孩，這些人才是公民權利的制定者。

至於越戰，美國政府其實不願撤出越南，是被社會運動逼得不得不這麼做。大家都說羅斯福總統創立優勝美地國家公園，但眞正的源頭並不是他，而是約翰·穆爾（John Muir）。穆爾鼓勵羅斯福甩掉特勤，同去優勝美地露營，睡在紅樹林底下。這趟野營之旅讓羅斯福燃起熱情，回府後便將優勝美地命名爲國家公園，但眞正的源頭還是約翰·穆爾。美國女性的參政權也是如此。如果美國會從伊拉克撤兵，也是因爲社會運動使然。而這些就是我們百分之一營業額的用途。

5.成為楷模

第五步就是影響其他公司，影響別人。光靠我們自己無法拯救世界，我們必須引領別人做正當的事；而要引領別人，自己就要先立下榜樣，這是唯一之道。如果我的事業做的都是正當的事，可是沒有利潤可賺，那麼商界人士根本不會尊敬我，他們會說：「那些傢伙是有能力做到那樣，可是沒有利潤可言。」因此，我必須賺得利潤，必須像一般企業那樣。我們公司不能成爲假環保的組織機構，我們有人負責進行環境評估，提出問題，並與許多公司有互動往來，分享資訊。只要有一家公司找到製作產品的較佳方式，或比較無害的優良程序，就會把資訊與大家共享。

我做過最引以爲傲的一件事，就是創立了名爲「One Percent for the

Planet」（捐1%給地球）的組織，現在已有另外兩百二十四家公司加入這個聯盟，這些公司基於環保因素，誓言捐出百分之一的營業額，而捐助的對象則由各家公司自行決定。加入聯盟只需要一點費用，聯盟不負責把他們的錢捐出去，只負責檢查他們是否確實捐款。加入聯盟的都是很小的公司，當公司發展到中型規模時，資金的運用就會有些緊縮。美國的慈善捐款幾乎都是個人捐款，只有百分之三是公司捐款。似乎人越富有，捐款的金額便越低。加入的會員有理髮店、山區嚮導、葡萄園，而其中一位名人就是歌手傑克．強森（Jack Johnson），他的CD背面就有「One Percent for the Planet」的標誌。許多人會想：「很好，巴塔哥尼亞公司捐了錢，那等我有了錢，也要開始捐一點。」不過，如果你是眞正的資本家，就會懂得今天捐出十美元比十年後捐出一百美元的效用還要大多了，因爲十美元能立即產生影響，日積月累之下將變得越來越有價值。這個道理煩請諸位思考。

本公司宗旨的最後一部分，就是運用事業激發解決環境危機的方法並予以實行。對我而言，解決環境危機就是我目前仍留在商界的主因。我以前從沒想過要從商，但現在卻成了商人。我想自己或許會在商界待很久，但我仍秉持從商的初衷——解決環境危機。

梅村簡介

梅村位於法國西南部，是一行禪師於一九八二年創立的修習中心。其後，禪師亦在美國、德國及亞洲等地設立禪修中心，歡迎個人或家庭來參加一天或更長時間的正念修習。如欲查詢或報名，請聯絡各中心：

Plum Village

13 Martineau
33580 Dieulivol
France
Tel: (33) 5 56 61 66 88
info@plumvillage.org

Deer Park Monastery

2499 Melru Lane
Escondido, CA 92026
USA
Tel: (1) 760 291-1003
deerpark@plumvillage.org
www.deerparkmonastery.org

Blue Cliff Monastery

3 Hotel Road
Pine Bush, NY 12566
USA
Tel: (1) 845 733-4959
www.bluecliffmonastery.org

European Institute of Applied Buddhism

Schaumburgweg 3,
D-51545 Waldbröl,
Germany
Tel: +49 (0) 2291 907 1373
www.eiab.eu

The Mindfulness Bell（正念鐘聲）這本雜誌由梅村一年發行三次，報導一行禪師所教導的正念生活之藝術。

欲訂閱或查詢全球僧團活動資訊，請至網站：www.mindfulnessbell.org

橡樹林文化善知識系列書目

JB0001	狂喜之後	傑克・康菲爾德◎著	380 元
JB0002	抉擇未來	達賴喇嘛◎著	250 元
JB0003	佛性的遊戲	舒亞・達斯喇嘛◎著	300 元
JB0004	東方大日	邱陽・創巴仁波切◎著	300 元
JB0005	幸福的修煉	達賴喇嘛◎著	230 元
JB0006	與生命相約	一行禪師◎著	240 元
JB0007	森林中的法語	阿姜查◎著	320 元
JB0008	重讀釋迦牟尼	陳兵◎著	320 元
JB0009	你可以不生氣	一行禪師◎著	230 元
JB0010	禪修地圖	達賴喇嘛◎著	280 元
JB0011	你可以不怕死	一行禪師◎著	250 元
JB0012	平靜的第一堂課——觀呼吸	德寶法師 ◎著	260 元
JB0013	正念的奇蹟	一行禪師◎著	220 元
JB0014	觀照的奇蹟	一行禪師◎著	220 元
JB0015	阿姜查的禪修世界——戒	阿姜查◎著	220 元
JB0016	阿姜查的禪修世界——定	阿姜查◎著	250 元
JB0017	阿姜查的禪修世界——慧	阿姜查◎著	230 元
JB0018X	遠離四種執著	究給・企千仁波切◎著	280 元
JB0019	禪者的初心	鈴木俊隆◎著	220 元
JB0020X	心的導引	薩姜・米龐仁波切◎著	240 元
JB0021X	佛陀的聖弟子傳 1	向智長老◎著	240 元
JB0022	佛陀的聖弟子傳 2	向智長老◎著	200 元
JB0023	佛陀的聖弟子傳 3	向智長老◎著	200 元
JB0024	佛陀的聖弟子傳 4	向智長老◎著	260 元
JB0025	正念的四個練習	喜戒禪師◎著	260 元
JB0026	遇見藥師佛	堪千創古仁波切◎著	270 元
JB0027	見佛殺佛	一行禪師◎著	220 元
JB0028	無常	阿姜查◎著	220 元
JB0029	覺悟勇士	邱陽・創巴仁波切◎著	230 元

JB0030	正念之道	向智長老◎著	280 元
JB0031	師父——與阿姜查共處的歲月	保羅．布里特◎著	260 元
JB0032	統御你的世界	薩姜．米龐仁波切◎著	240 元
JB0033	親近釋迦牟尼佛	髻智比丘◎著	430 元
JB0034	藏傳佛教的第一堂課	卡盧仁波切◎著	300 元
JB0035	拙火之樂	圖敦．耶喜喇嘛◎著	280 元
JB0036	心與科學的交會	亞瑟．札炯克◎著	330 元
JB0037	你可以，愛	一行禪師◎著	220 元
JB0038	專注力	B．艾倫．華勒士◎著	250 元
JB0039	輪迴的故事	慈誠羅珠堪布◎著	270 元
JB0040	成佛的藍圖	堪千創古仁波切◎著	270 元
JB0041	事情並非總是如此	鈴木俊隆禪師◎著	240 元
JB0042	祈禱的力量	一行禪師◎著	250 元
JB0043	培養慈悲心	圖丹．卻准◎著	320 元
JB0044	當光亮照破黑暗	達賴喇嘛◎著	300 元
JB0045	覺照在當下	優婆夷　紀．那那蓉◎著	300 元
JB0046	大手印暨觀音儀軌修法	卡盧仁波切◎著	340 元
JB0047X	蔣貢康楚閉關手冊	蔣貢康楚羅卓泰耶◎著	260 元
JB0048	開始學習禪修	凱薩琳．麥唐諾◎著	300 元
JB0049	我可以這樣改變人生	堪布慈囊仁波切◎著	250 元
JB0050	不生氣的生活	W. 伐札梅諦◎著	250 元
JB0051	智慧明光：《心經》	堪布慈囊仁波切◎著	250 元
JB0052	一心走路	一行禪師◎著	280 元
JB0054	觀世音菩薩妙明教示	堪布慈囊仁波切◎著	350 元
JB0055	世界心精華寶	貝瑪仁增仁波切◎著	280 元
JB0056	到達心靈的彼岸	堪千．阿貝仁波切◎著	220 元
JB0057	慈心禪	慈濟瓦法師◎著	230 元
JB0058	慈悲與智見	達賴喇嘛◎著	320 元
JB0059	親愛的喇嘛梭巴	喇嘛梭巴仁波切◎著	320 元
JB0060	轉心	蔣康祖古仁波切◎著	260 元
JB0061	遇見上師之後	詹杜固仁波切◎著	320 元
JB0062	白話《菩提道次第廣論》	宗喀巴大師◎著	500 元

JB0063	離死之心	竹慶本樂仁波切◎著	400元
JB0064	生命真正的力量	一行禪師◎著	280元
JB0065	夢瑜伽與自然光的修習	南開諾布仁波切◎著	280元
JB0066	實證佛教導論	呂真觀◎著	500元
JB0067	最勇敢的女性菩薩——綠度母	堪布慈囊仁波切◎著	350元
JB0068	建設淨土——《阿彌陀經》禪解	一行禪師◎著	240元
JB0069	接觸大地—與佛陀的親密對話	一行禪師◎著	220元
JB0070	安住於清淨自性中	達賴喇嘛◎著	480元
JB0071/72	菩薩行的祕密【上下冊】	佛子希瓦拉◎著	799元
JB0073	穿越六道輪迴之旅	德洛達娃多瑪◎著	280元
JB0074	突破修道上的唯物	邱陽·創巴仁波切◎著	320元
JB0075	生死的幻覺	白瑪格桑仁波切◎著	380元
JB0076	如何修觀音	堪布慈囊仁波切◎著	260元
JB0077	死亡的藝術	波卡仁波切◎著	250元
JB0078	見之道	根松仁波切◎著	330元
JB0079	彩虹丹青	祖古·烏金仁波切◎著	340元
JB0080	我的極樂大願	卓千拉貢仁波切◎著	260元
JB0081	再捻佛語妙花	祖古·烏金仁波切◎著	250元
JB0082	進入禪定的第一堂課	德寶法師◎著	300元
JB0083	藏傳密續的真相	圖敦·耶喜喇嘛◎著	300元
JB0084	鮮活的覺性	堪千創古仁波切◎著	350元
JB0085	本智光照	遍智　吉美林巴◎著	380元
JB0086	普賢王如來祈願文	竹慶本樂仁波切◎著	320元
JB0087	禪林風雨	果煜法師◎著	360元
JB0088	不依執修之佛果	敦珠林巴◎著	320元
JB0089	本智光照—功德寶藏論　密宗分講記	遍智　吉美林巴◎著	340元
JB0090	三主要道論	堪布慈囊仁波切◎講解	280元
JB0091	千手千眼觀音齋戒—紐涅的修持法	汪遷仁波切◎著	400元
JB0092	回到家，我看見真心	一行禪師◎著	220元
JB0093	愛對了	一行禪師◎著	260元
JB0094	追求幸福的開始：薩迦法王教你如何修行	尊勝的薩迦法王◎著	300元
JB0095	次第花開	希阿榮博堪布◎著	350元

JB0096	楞嚴貫心	果煜法師◎著	380 元
JB0097	心安了，路就開了： 讓《佛說四十二章經》成為你人生的指引	釋悟因◎著	320 元
JB0098	修行不入迷宮	札丘傑仁波切◎著	320 元
JB0099	看自己的心，比看電影精彩	圖敦．耶喜喇嘛◎著	280 元
JB0100	自性光明——法界寶庫論	大遍智　龍欽巴尊者◎著	450 元
JB0101	穿透《心經》：原來，你以為的只是假象	柳道成法師◎著	380 元
JB0102	直顯心之奧秘：大圓滿無二性的殊勝口訣	祖古貝瑪．里沙仁波切◎著	500 元
JB0103	一行禪師講《金剛經》	一行禪師◎著	320 元
JB0104	一行禪師談生命真正的快樂： 金錢與權力能帶給你什麼？	一行禪師◎著	300 元

橡樹林文化 ❖❖ 蓮師文集系列 ❖❖ 書目

JA0001	空行法教	伊喜．措嘉佛母輯錄付藏	260 元
JA0002	蓮師傳	伊喜．措嘉記錄撰寫	380 元
JA0003	蓮師心要建言	艾瑞克．貝瑪．昆桑◎藏譯英	350 元
JA0004	白蓮花	蔣貢米龐仁波切◎著	260 元
JA0005	松嶺寶藏	蓮花生大士◎著	330 元
JA0006	自然解脫	蓮花生大士◎著	400 元

橡樹林文化 ❖❖ 圖解佛學系列 ❖❖ 書目

JL0001	圖解西藏生死書	張宏實◎著	420 元
JL0002	圖解佛教八識	洪朝吉◎著	260 元

橡樹林文化 ❖❖ 衆生系列 ❖❖ 書目

JP0001	大寶法王傳奇	何謹◎著	200 元
JP0002X	當和尚遇到鑽石（增訂版）	麥可・羅區格西◎著	360 元
JP0003X	尋找上師	陳念萱◎著	200 元
JP0004	祈福 DIY	蔡春娉◎著	250 元
JP0006	遇見巴伽活佛	溫普林◎著	280 元
JP0009	當吉他手遇見禪	菲利浦・利夫・須藤◎著	220 元
JP0010	當牛仔褲遇見佛陀	蘇密・隆敦◎著	250 元
JP0011	心念的賽局	約瑟夫・帕蘭特◎著	250 元
JP0012	佛陀的女兒	艾美・史密特◎著	220 元
JP0013	師父笑呵呵	麻生佳花◎著	220 元
JP0014	菜鳥沙彌變高僧	盛宗永興◎著	220 元
JP0015	不要綁架自己	雪倫・薩爾茲堡◎著	240 元
JP0016	佛法帶著走	佛朗茲・梅蓋弗◎著	220 元
JP0018C	西藏心瑜伽	麥可・羅區格西◎著	250 元
JP0019	五智喇嘛彌伴傳奇	亞歷珊卓・大衛一尼爾◎著	280 元
JP0020	禪　兩刃相交	林谷芳◎著	260 元
JP0021	正念瑜伽	法蘭克・裘德・巴奇歐◎著	399 元
JP0022	原諒的禪修	傑克・康菲爾德◎著	250 元
JP0023	佛經語言初探	竺家寧◎著	280 元
JP0024	達賴喇嘛禪思 365	達賴喇嘛◎著	330 元
JP0025	佛教一本通	蓋瑞・賈許◎著	499 元
JP0026	星際大戰・佛部曲	馬修・波特林◎著	250 元
JP0027	全然接受這樣的我	塔拉・布萊克◎著	330 元
JP0028	寫給媽媽的佛法書	莎拉・娜塔莉◎著	300 元
JP0029	史上最大佛教護法一阿育王傳	德千汪莫◎著	230 元
JP0030	我想知道什麼是佛法	圖丹・卻淮◎著	280 元
JP0031	優雅的離去	蘇希拉・布萊克曼◎著	240 元
JP0032	另一種關係	滿亞法師◎著	250 元
JP0033	當禪師變成企業主	馬可・雷瑟◎著	320 元

JP0034	智慧 81	偉恩・戴爾博士◎著	380 元
JP0035	覺悟之眼看起落人生	金菩提禪師◎著	260 元
JP0036	貓咪塔羅算自己	陳念萱◎著	520 元
JP0037	聲音的治療力量	詹姆斯・唐傑婁◎著	280 元
JP0038	手術刀與靈魂	艾倫・翰彌頓◎著	320 元
JP0039	作為上師的妻子	黛安娜・J・木克坡◎著	450 元
JP0040	狐狸與白兔道晚安之處	庫特・約斯特勒◎著	280 元
JP0041	從心靈到細胞的療癒	喬思・慧麗・赫克◎著	260 元
JP0042	27% 的獲利奇蹟	蓋瑞・賀許伯格◎著	320 元
JP0043	你用對專注力了嗎？	萊斯・斐米博士◎著	280 元
JP0044	我心是金佛	大行大禪師◎著	280 元
JP0045	當和尚遇到鑽石 2	麥可・羅區格西◎等著	280 元
JP0046	雪域求法記	邢肅芝（洛桑珍珠）◎口述	420 元
JP0047	你的心是否也住著一隻黑狗？	馬修・約翰史東◎著	260 元
JP0048	西藏禪修書	克莉絲蒂・麥娜麗喇嘛◎著	300 元
JP0049	西藏心瑜伽 2	克莉絲蒂・麥娜麗喇嘛◎等著	300 元
JP0050	創作，是心靈療癒的旅程	茱莉亞・卡麥隆◎著	350 元
JP0051	擁抱黑狗	馬修・約翰史東◎著	280 元
JP0052	還在找藉口嗎？	偉恩・戴爾博士◎著	320 元
JP0053	愛情的吸引力法則	艾莉兒・福特◎著	280 元
JP0054	幸福的雪域宅男	原人◎著	350 元
JP0055	貓馬麻	阿義◎著	350 元
JP0056	看不見的人	中沢新一◎著	300 元
JP0057	内觀瑜伽	莎拉・鮑爾斯◎著	380 元
JP0058	29 個禮物	卡蜜・沃克◎著	300 元
JP0059	花仙療癒占卜卡	張元貞◎著	799 元
JP0060	與靈共存	詹姆斯・范普拉◎著	300 元
JP0061	我的巧克力人生	吳佩容◎著	300 元
JP0062	這樣玩，讓孩子更專注、更靈性	蘇珊・凱瑟・葛凌蘭◎著	350 元
JP0063	達賴喇嘛送給父母的幸福教養書	安娜・芭蓓蔻爾・史蒂文・李斯◎著	280 元
JP0064	我還沒準備說再見	布蕾克・諾爾&帕蜜拉・D・布萊爾◎著	380 元
JP0065	記憶人人 hold 得住	喬許・佛爾◎著	360 元

JP0066	菩曼仁波切	林建成◎著	320 元
JP0067	下面那裡怎麼了？	莉莎．瑞金◎著	400 元
JP0068	極密聖境．仰桑貝瑪貴	邱常梵◎著	450 元
JP0069	停心	釋心道◎著	380 元
JP0070	聞盡	釋心道◎著	380 元
JP0071	如果你對現況感到倦怠……	威廉．懷克羅◎著	300 元
JP0072	希望之翼：倖存的奇蹟，以及雨林與我的故事	茱莉安．柯普科◎著	380 元
JP0073	我的人生療癒旅程	鄧嚴◎著	260 元
JP0074	因果，怎麼一回事？	釋見介◎著	240 元
JP0075	皮克斯動畫師之紙上動畫《羅摩衍那》	桑傑．帕特爾◎著	720 元
JP0076	寫，就對了！	茱莉亞．卡麥隆◎著	380 元
JP0077	願力的財富	釋心道◎著	380 元
JP0078	當佛陀走進酒吧	羅卓．林茲勒◎著	350 元
JP0079	人聲，奇蹟的治癒力	伊凡．德．布奧恩◎著	380 元
JP0080	當和尚遇到鑽石 3	麥可．羅區格西◎著	400 元
JP0081	AKASH 阿喀許靜心 100	AKASH 阿喀許◎著	400 元
JP0082	世上是不是有神仙：生命與疾病的真相	樊馨蔓◎著	300 元
JP0083	生命不僅僅如此—辟穀記（上）	樊馨蔓◎著	320 元
JP0084	生命可以如此—辟穀記（下）	樊馨蔓◎著	420 元
JP0085	讓情緒自由	茱迪斯．歐洛芙◎著	420 元
JP0086	別癌無恙	李九如◎著	360 元
JP0087	什麼樣的業力輪迴，造就現在的你	芭芭拉．馬丁＆狄米崔．莫瑞提斯◎著	420 元
JP0088	我也有聰明數學腦：15 堂課激發被隱藏的競爭力	盧采嫻◎著	280 元
JP0089	與動物朋友心傳心	羅西娜．瑪利亞．阿爾克蒂◎著	320 元
JP0090	法國清新舒壓著色畫 50：繽紛花園	伊莎貝爾．熱志－梅納＆紀絲蘭．史朵哈＆克萊兒．摩荷爾－法帝歐◎著	350 元
JP0091	法國清新舒壓著色畫 50：療癒曼陀羅	伊莎貝爾．熱志－梅納＆紀絲蘭．史朵哈＆克萊兒．摩荷爾－法帝歐◎著	350 元
JP0092	風是我的母親	熊心、茉莉．拉肯◎著	350 元
JP0093	法國清新舒壓著色畫 50：幸福懷舊	伊莎貝爾．熱志－梅納＆紀絲蘭．史朵哈＆克萊兒．摩荷爾－法帝歐◎著	350 元

JP0094	走過倉央嘉措的傳奇：尋訪六世達賴喇嘛的童年和晚年，解開情詩活佛的生死之謎	邱常梵◎著	450元
JP0095	【當和尚遇到鑽石4】愛的業力法則：西藏的古老智慧，讓愛情心想事成	麥可・羅區格西◎著	450元
JP0096	媽媽的公主病：活在母親陰影中的女兒，如何走出自我？	凱莉爾・麥克布萊德博士◎著	380元
JP0097	法國清新舒壓著色畫50：璀璨伊斯蘭	伊莎貝爾・熱志－梅納&紀絲蘭・史朵哈&克萊兒・摩荷爾－法帝歐◎著	350元
JP0098	最美好的都在此刻：53個創意、幽默、找回微笑生活的正念練習	珍・邱禪・貝斯醫生◎著	350元
JP0099	愛，從呼吸開始吧！回到當下、讓心輕安的禪修之道	釋果峻◎著	300元
JP0100	能量曼陀羅：彩繪內在寧靜小宇宙	保羅・霍伊斯坦、狄蒂・羅恩◎著	380元
JP0101	爸媽何必太正經！幽默溝通，讓孩子正向、積極、有力量	南琦◎著	300元
JP0102	舍利子，是什麼？	洪宏◎著	320元

橡樹林文化 ❖❖ 成就者傳紀系列 ❖❖ 書目

JS0001	惹瓊巴傳	堪千創古仁波切◎著	260元
JS0002	曼達拉娃佛母傳	喇嘛卻南、桑傑・康卓◎英譯	350元
JS0003	伊喜・措嘉佛母傳	嘉華・蔣秋、南開・寧波◎伏藏書錄	400元
JS0004	無畏金剛智光：怙主敦珠仁波切的生平與傳奇	堪布才旺・董嘉仁波切◎著	400元
JS0005	珍稀寶庫——薩迦總巴創派宗師貢嘎南嘉傳	嘉敦・強秋旺嘉◎著	350元
JS0006	帝洛巴傳	堪千創古仁波切◎著	260元
JS0007	南懷瑾的最後100天	王國平◎著	380元
JS0008	偉大的不丹傳奇・五大伏藏王之一貝瑪林巴之生平與伏藏教法	貝瑪林巴◎取藏	450元

本書曾於 2010 年以《生命真正的力量》書名發行

善知識系列　JB0104

一行禪師談生命眞正的快樂：金錢與權力能帶給你什麼？
The Art of Power

作　　者／一行禪師
譯　　者／姚怡平
監　　修／士嚴
責任編輯／廖于瑄
業　　務／顏宏紋

總 編 輯／張嘉芳
出　　版／橡樹林文化
城邦文化事業股份有限公司
104 台北市民生東路二段 141 號 5 樓
電話：(02)2500-7696　傳眞：(02)2500-1951
發　　行／英屬蓋曼群島商家庭傳媒股份有限公司城邦分公司
104 台北市中山區民生東路二段 141 號 2 樓
客服服務專線：(02)25007718；25001991
24 小時傳眞專線：(02)25001990；25001991
服務時間：週一至週五上午 09:30 ～ 12:00；下午 13:30 ～ 17:00
劃撥帳號：19863813　戶名：書虫股份有限公司
讀者服務信箱：service@readingclub.com.tw
香港發行所／城邦（香港）出版集團有限公司
香港灣仔駱克道 193 號東超商業中心 1 樓
電話：(852)25086231　傳眞：(852)25789337
Email: hkcite@biznetvigator.com
馬新發行所／城邦（馬新）出版集團【Cité (M) Sdn.Bhd. (458372 U)】
41, Jalan Radin Anum, Bandar Baru Sri Petaling,
57000 Kuala Lumpur, Malaysia.
電話：(603) 90578822　傳眞：(603) 90576622
Email：cite@cite.com.my

封面設計／ Javick 工作室 bon.javick@gmail.com
內文排版／歐陽碧智 abemilyouyang@gmail.com
印　　刷／韋懋實業有限公司

初版一刷／ 2015 年 7 月
初版四刷／ 2022 年 7 月
ISBN ／ 978-986-128-854-3
定價／ 300 元

城邦讀書花園
www.cite.com.tw

國家圖書館出版品預行編目（CIP）資料

一行禪師談生命眞正的快樂：金錢與權力能帶給你什麼？／一行禪師作；姚怡平譯．-- 初版．-- 臺北市：橡樹林文化，城邦文化出版：家庭傳媒城邦分公司發行，2015.07
面；　公分．--（善知識系列；JB0104）
譯自：The Art of Power
ISBN 978-986-128-854-3（平裝）

1. 佛教修持　2. 佛教教理

225.87　　104009331

廣　告　回　函
北區郵政管理局登記證
北 台 字 第 10158 號
郵資已付　免貼郵票

104 台北市中山區民生東路二段 141 號 5 樓

城邦文化事業股份有限公司
橡樹林出版事業部　收

請沿虛線剪下對折裝訂寄回，謝謝！

|橡|樹|林|

書名：一行禪師談生命真正的快樂：金錢與權力能帶給你什麼？
書號：JB0104

橡樹林文化

讀者回函卡

感謝您對橡樹林出版社之支持，請將您的建議提供給我們參考與改進；請別忘了給我們一些鼓勵，我們會更加努力，出版好書與您結緣。

姓名：＿＿＿＿＿＿＿＿＿＿ □女 □男 生日：西元＿＿＿＿＿＿年

Email：＿＿＿＿＿＿＿＿＿＿＿＿＿＿＿＿＿＿＿＿

● 您從何處知道此書？

□書店 □書訊 □書評 □報紙 □廣播 □網路 □廣告 DM

□親友介紹 □橡樹林電子報 □其他＿＿＿＿＿＿＿＿

● 您以何種方式購買本書？

□誠品書店 □誠品網路書店 □金石堂書店 □金石堂網路書店

□博客來網路書店 □其他＿＿＿＿＿＿＿＿

● 您希望我們未來出版哪一種主題的書？（可複選）

□佛法生活應用 □教理 □實修法門介紹 □大師開示 □大師傳記

□佛教圖解百科 □其他＿＿＿＿＿＿＿＿

● 您對本書的建議：

＿＿＿＿＿＿＿＿＿＿＿＿＿＿＿＿＿＿＿＿

＿＿＿＿＿＿＿＿＿＿＿＿＿＿＿＿＿＿＿＿

＿＿＿＿＿＿＿＿＿＿＿＿＿＿＿＿＿＿＿＿

非常感謝您提供基本資料，基於行銷及客戶管理或其他合於營業登記項目或章程所定業務需要之目的，家庭傳媒集團（即英屬蓋曼群商家庭傳媒股份有限公司城邦分公司、城邦文化事業股份有限公司、書虫股份有限公司、墨刻出版股份有限公司、城邦原創股份有限公司）於本集團之營運期間及地區內，將不定期以MAIL訊息發送方式，利用您的個人資料於提供讀者產品相關之消費與活動訊息，如您有依照個資法第三條或其他需服務之務，得致電本公司客服。

我已經完全瞭解左述內容，並同意本人資料依上述範圍內使用。

＿＿＿＿＿＿＿＿＿＿＿＿（簽名）

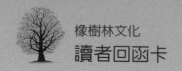